面对所爱之人，

这世界放下面具，变得很小很小，

小得像一首歌，小得像一个永恒的吻。

——泰戈尔

和你一起，我不怕老去

刘继荣 著

北京日报出版社

前　言

每朵花都是赤足走向春天的

六百年前，日本歌人吉田兼好说：人心是不待风吹而自落的花。

花是世界上最柔弱的事物，无金石之坚，无蒲苇之韧，无流水之宛转。花来这风雨尘世，不披盔甲，不执利矛，偶尔有刺也不会长在花瓣上。它捧一颗晶莹心，赤足走往乍暖还寒的春天。

有人说：繁花似锦，这锦绣做不成华衣美裳蔽体；花开如海，这花海载不了小舟渡你至彼岸。

是的，它只尽情释放美与善，释放毫不掩饰的爱与诚。每朵花，都是一个小小的屋子，如同小王子的星球，自有朝阳与落霞。无论外界电闪雷鸣，抑或风疏雨骤，在这小小处所，有着令你内心坚定的美好。

美国作家维罗尼卡·罗斯说：我从年轻时就一直知道，生活摧毁我们，我们无法逃脱这样的毁坏。

而我也逐渐明白：我们能被治愈，我们治愈彼此。人心柔软如花，我们盛开时照耀彼此，并治愈彼此。我知道人生有少少传奇，有多多平淡，花不能常好，月不能常圆，时有波澜，时有逆风，时有一脚踏空。正因为有那些花儿一样明净的心灵，我们才能在摔倒之后，抓起门牙继续往前跑；在火焰熄灭之后，钻木取火也要重新点燃；在水干涸之后，再挖一口井。即便灵魂长上皱纹，也能有勇气将之抚平。

我也曾听人这样叹息：爱哪有那么强大呢？它连不爱都打不过。

爱天生不是用来打架的，它虽柔软之至，可从未被毁灭。你看那满世界的花儿，何曾因为战争、洪水与地震而消失？美好的事物自有其来路与归程，自有其强大的力量。我们来这人世，多半是因为这里有教人不舍之处，有美映照双目，有爱照耀灵魂，有温暖滋润梦想，教我们不绝望，不孤单，即便在哭泣之后，也不会忘记怎么去笑。

尼采告诫世人：尽管万象流动不居，生活本身到底是牢不可破，而且可喜可爱。

不错，这是个漂亮的世界，地球46亿岁了，依然有蔷薇色云彩，有流动的风和云，叫人一见就不挣扎。

那么，让我们盛开得久一些，开得更好看一些。即便是赤足走往春天，也能拍手作歌，将生命唱得一路盛开，将黑夜唱至晨曦乍现。

愿我们彼此听见。

刘继荣

目录 CONTENTS

和 你 一 起， 我 不 怕 老 去

Chapter 1

世有繁花

Chapter 2

愈爱愈明白

CONTENTS

Chapter 3
陪你一起成长

Chapter 4
天下第一老爸

Chapter 5

世间最美的情

Chapter 6

人间到底欢乐多

第一章

世有繁花，所有的辛苦遭逢都得以抚慰，不期而遇的病厄困顿亦能被接受，这微茫人世的痴嗔爱怨，就有了更宽广的去处。世有繁花，我们就知道怎样把幸福时刻唤醒。

Chapter 1

世有繁花

第 1 个故事 ▶▶▶

世有繁花

这些花儿，见过艳阳天，经历过大风夜，繁盛有时，流离有时，即便吹弯了，折断了，依然美得那么认真。这枝枝朵朵，是不散的彩云，是不碎的琉璃，是世间好物，明亮而坚牢。

女儿笑起来特别好看，像金苹果装在银网子里，灼灼生辉，看一百年也喜欢。

可女儿最近忙着哭，根本腾不出嘴来笑。

这小孩颇有天赋，只是随便哭哭，就能轻松飙到高音，不跑调，不破音，耐力又强，比电视里那些选秀歌手还有实力。虽然爸爸妈妈欣赏有加，但奶奶却嫌弃得要命，宁愿回老家去挖地种菜腌萝卜干，也不愿跟好哭鬼同住。

可怜奶奶中风未愈，病骨支离，连萝卜缨子都能绊倒她，哪里能回老家独住呢？其实奶奶最舍不得孙女，此刻也不过是借题发挥。她是病苦了的人，又劳作惯了，无法接纳眼下这个软塌塌的自己，难免闹脾气。

哭宝宝身体健壮如小老虎，能唱能跳能吃，连武松见了恐怕都要大赞可爱。惹她如此伤心的是春天。春风一笑，天地和气，万物可亲，不仅人家窗玻璃上映着翠色淋漓，连蚂蚁巢边都涌动起一团春意。花更是开得挨肩叠背，闹闹嚷嚷，笑声哪里都传遍了，连最高的楼上都听得见。三岁多的人，能见过多少世面，一下子就急了眼，总想尽情摘一大捧，热热闹闹带回家来做客。

爸爸开始讲小道理："从前有个小朋友叫林黛玉，比你还爱哭，但不是这样哇哇地哭。"听闻哭法不对，女儿止声收泪。爸爸讲起个中道理："她特别爱惜花朵，从不摘花，连落花都要收拾好……" 听见不能摘花，小朋友悲从中来，从头哭起，连楼道里的灯都哭亮了。

爸爸奋力搬出大道理："这世上的花儿，开出来并不容易，要用尽平生气力……"

回应他的，还是穿云裂石般的哭声。奶奶叹气，叫我们快快买火车票，她今晚就走。为安抚老的，必须向小的妥协，我答应带女儿出去摘花。

老公把我俩的风衣帽子拉到头上，说："退休老人组织了一个护花社，被抓住可不是好玩的。别太狠心，摘几朵哄哄就罢了。" 我瞪他一眼，出得门去。

我告诉女儿，哪朵花丑就可以摘哪朵。她不知是计，连连点头，胖脚咚咚踏在地上，可谓春风得意马蹄疾。我腹中暗笑，到底是小孩子好哄。但我并不知道，有心机的大人，永远斗不过执着的笨小孩，我给自己找了个擎天柱那么大的麻烦。

从家门前看过去，一朵一朵，这姑娘认真得不得了。可讲良心话，哪里能寻见丑的呢？小孩子眼睛甜，不仅觉得花好看，连同花下的蚂蚁、小草、泥巴，都觉得样样出色。

我渐渐走得脚软。那些花，起初在我眼里都是天上的好颜色，惊我心，动我意，夺我魂魄。随着日影西斜，我腹中渐饥，它们都变成地上的烟火色：有香煎蛋饼色、红烧排骨色，还有馒头白粥什锦小菜色……

这些日子，我与老公日日苦读菜谱，换着花样为婆婆煮饭。病人没甚胃口，倒养肥了我们自己。为了挤进窄窄春装，今天中午只胡乱吃了两口，哪里撑得住这番跋涉。阵阵花香扑鼻，又叫我想起了冰箱里的槐花蜂蜜糕、桃花百合酥、核桃香豆饼……尽管婆婆嫌那些东西贵得吓死人，但她还是很受用的。

女儿终于饿了，说："这里没有丑的，我们先回家吃饭。"老公正心惊胆战地等着，他鬼鬼祟祟瞟我的包、我的衣袋，甚至我的袖子，讪讪地笑："去了这么久，饭菜都要凉了，我还以为你们把整个小区的花都摘光了呢！"

晚饭后，女儿喂奶奶吃草莓。老人精神略佳，说笑道："我小时候也爱花儿……"

女儿吃惊："奶奶也有小时候？"奶奶悻悻地说："我并不是一生下来就是奶奶的。别看我眼下是个老废物，从前也是个漂亮小孩儿，睫毛扑闪闪，声音蜜蜜甜，有脚不走路，嗲嗲叫哥姐背出去看花……"奶奶的皱纹里嵌着笑，如夹在发黄书页里的花瓣，历久弥香。

女儿记性好，要我带她继续选丑。路灯光下，花儿不眠不歇，夜愈静花愈好，另有一番不可言说之美。我拖着酸疼的腿，一枝一枝地看，一树一树地看，一排一排地看。最后，我蹲下来，抱住女儿的腿哀求："带我回家，妈妈最丑。"

周末，老公推着婆婆的轮椅，我牵着女儿，全家齐上公园寻丑花。我欢欢喜喜地蹬上新鞋子，但这漂亮鞋子叫我吃足苦头，几次三番，我都听见脚在鞋里哭。

只是一家老小都见花心喜，谁好意思扫兴呢！

我正苦着脸，忽然见到一位白发园丁，立即把平生的笑都堆将出来，毕恭毕敬问人家，公园哪里的花最丑。园丁怫然作色，气得胡子都抖起来。我才省悟自己这是脚痛得糊涂了，赶紧支吾着道歉。奶奶见状，指着我笑得说不出话来。

我一步一挨，想起林冲刺配沧州的苦。我觉得物种不够多样，为什么花儿怎么开都动人？传说中的食人花与猪笼草，都到哪里去了？我爱花，爱家人，也爱我的脚后跟。

唐僧师徒四人取经虽难，但真经笃定在那里，我根本不知道哪儿有一朵长相难看的花。公园里花潮涌动，四处都是好颜色、好味道、好模样。这是一个美丽的世界，但我的脚很疼。我情愿跟奶奶回老家挖地种菜腌萝卜，也不愿意去寻一朵不存在的花。因为我踏破的不是铁鞋，而是一双血肉做成的脚。

从前我不知道，一个固执的小孩胜过一辆坦克。她看不到我脸色，听不懂我暗示，勇往直前，轰隆隆开向前方，碾平我所有踢掉鞋子倒在沙发上的幻想。

忽然间，我欣喜若狂，发现草坪里有一株孤零零的野花，蓬头粗服，状如蒺藜。我扑过去，邀功般指给女儿看。没承想她惊喜地欢呼："这是小孩花呀，这么小，这么小，多好看啊！"

我心里一惊，可不是，哪个小孩没当过小刺猬呢？不如意时，张大喉咙能哭得看到扁桃体，首如飞蓬，涕泪汤汤。可他们有胖腿胖头，走路嗒嗒响，笑起来也响亮，对世界充满善意，谁又能说他们丑呢！

我轻轻抚摩这小小的植物，抚摩它的花、它的刺，我喜欢上这倔头犟脑的小孩花。我们无功而返，我一挨到床，顿时如至天堂，摊开四肢，开怀大睡，一梦黑甜，完全不知窗外风雨大作。

早晨，我与女儿下楼，两人都惊得说不出话来：满世界的落花，人家的窗台，停着的车顶，青石板铺成的小路……一切都被淹没了。仿佛下了一夜铺天盖地的花雪，仿佛海上繁花决了堤，时光滔滔成了锦绣。

我们低着头，搜寻那些完整一些的花朵，一枝一枝，一朵一朵，很快就拾了一大把。有些碎花瓣实在漂亮，只能用衣襟兜回家去。女儿还捡了一些树枝，小小鸟站过的，大月亮照过的，拂过行人头顶的青枝翠叶。

我们像突然发了大财，回到家，将所有瓶子插满，还富余一些花。我找出一个笔记本，把碎花瓣和叶子粘贴在上面，一页又一页：胭脂红、琉璃蓝、珍珠粉……几乎贴满了大半个本子。

这些花儿，见过艳阳天，经历过大风夜，繁盛有时，流离有时，即便吹弯了，折断了，依然美得那么认真。这枝枝朵朵，是不散的彩云，是不碎的琉璃，是世间好物，明亮而坚牢。

女儿忽然说："可我们还是没有找到丑的花。"是的，我们拥有半屋子的花，仍然不能拥有一朵丑花。奶奶指着自己的鼻尖说："不用找了，这里就有一朵现成的丑花，眼偏嘴斜，满身药气，又爱犯糊涂使性子。"

女儿摇摇头，将脸贴在奶奶颊上："奶奶小时候漂亮，老时候漂亮，病的时候也漂亮。"奶奶忽然哽咽，抬起抖抖索索的手揩揩眼睛，笑道："我活了那么久，这世上还真没有丑花呢！我还想接着活，不会再闹着回老家了。"

阳光明晃晃地照着，满屋的花儿都听见了，世间的花儿都听见了。我们皆是凡人，认真美，认真活，老老实实地相爱。世有繁花，所有的辛苦遭逢都得以抚慰，不期而遇的病厄困顿亦能被接受，这微茫人世的痴嗔爱怨，就有了更宽广的去处。世有繁花，我们就知道怎样把幸福时刻唤醒。

第2个故事

世界因我们少的那根弦而精彩

我忽然觉得，这个脑子里少根弦的孩子，生活里却乐趣多多。他天真自在，善良实在，给人快乐，也收获愉悦。人生若是一架琴，那么并不是弦越多越好，能弹奏出自己的精彩，才是最重要的事。

在家人眼里，儿子聪明可爱，十全十美。可每每带他出去，无论是各类聚会还是亲子活动，都让我产生淡淡惆怅。

这孩子个头不小，只是心眼太少，在家里倒觉得憨厚可爱，往那群古灵精怪的小孩中间一站，立刻像个呆头鹅。游戏时，人家扮国王、将军、大侠，他永远演小兵、马夫、恶人，且全力以赴、乐此不疲。他手里的玩具、餐盘里的糕点、胸前的卡通徽章，随便哪个孩子都可以要走。这大方的小人儿，常常弄得两手空空，却仍笑嘻嘻站一旁。

有人夸赞儿子心地纯良，好友心直口快，咄咄发问："这孩子是不是脑子缺根弦呢？如果一直这样，如何适应将来的社会竞争呢？"一句话道出我的隐忧，心就莫名地发了慌。满屋子的笑语喧嚣里，我揽住好友肩膀，殷殷求助："要怎样才能给他安上这根弦呢？"好友是优秀妈妈，膝下有个出类拔萃的女儿，存着满肚子育儿经。

果然，她沉吟片刻，说此时正值假期，建议我先带孩子去参加一个夏令营。她说，那里的领队老师经验丰富，训练方式多种多样，既可培养孩子的竞争意识，又能锻炼孩子的生存能力。总之，恰好是能够给我的儿子装上一根弦的地方。

我大喜过望，第二天就带着儿子匆匆报名，并坐上了那辆开往营地的大巴。

儿子捧着他心爱的漫画书，目不斜视。我则眼巴巴地四处瞅，看见领队老师，不禁心里一凉，这羞涩的大男孩，会有丰富的经验？等这男孩开口，我更怀疑自己报错了夏令营。这位老师方言很浓重，调皮的孩子们纷纷模仿他讲话。大男孩并不恼，做个鬼脸，笑着跟小朋友们比赛说绕口令，讲故事，即兴表演情景剧。有老师垫底，孩子们明显自信满满，一路倒也其乐融融。

营地在一个有山有水的草原，第一个任务是翻越面前这座山。领队说，上山可走修好的石阶，也可选那些曲折的小径，下山有些陡峭，要注意安全。话音刚落，一些性急的家长和孩子已冲上石阶。有位妈妈举手："请问，比赛规则是什么？"老师摇头："没有比赛，没有规则，只是玩而已。"众人愕然，面面相觑。

有家长怀疑这位领队脑子缺根弦，要是来玩就会参加旅游团了。那些斗志昂扬的家长已自发地开始组织比赛了，商定就走这条铺好的路。领队笑眯眯地来了一句："那些小路可神秘啦！"很多孩子便鼓噪着要去探险，可只有少数孩子得到许可。儿子俯在我耳边说："我们走那条最陡的小路，也许会遇见神仙呢！"

幽深的小路果然难行，而且同行者太少。听见那边人声鼎沸，加油声不断，我开始后悔自己的选择。可儿子不时惊喜地叫道："妈妈快看，蝴蝶在喝水呢！"

"妈妈给我相机，我要拍松鼠和小鹿！""哇，好多蘑菇，我们采一些回去，我想吃奶油蘑菇汤！"孩子的情绪感染了我，我的心渐渐静下来，走走停停，陪他看一路的好风景。

我们没有遇见神仙，只是在一棵形似老人的古松下，儿子捧着漫画书照了张相。我们到了山顶，那大队人马也才到了不多一会儿。他们疲惫不堪，只喝了几口水，就急着探寻下山的路了，因为比赛还在继续。我和儿子坐在一块巨石上，看满坡满谷的浓翠；看野花如瀑布般倾泻而下，浩浩荡荡铺满大半个山坡；看那些朴拙的小木屋和蒙古包，参差散落在花丛间。

下山后，家长们兴致勃勃地论输赢。孩子们却和领队坐在草地上，时而凑在一起，神秘地商议着什么；时而哄然大笑，全体翻倒在草地上。这一刻，我忽然觉得，这位年轻的老师也很可爱。午餐过后，领队建议家长留在营地，却要求孩子们去河对面的牧羊人家，和那里的哈萨克小孩交朋友，并带一件礼物回来。有人担心，这样大规模地去交朋友，会打扰到别人吧。老师说，他事先已去拜访过，牧民们刚刚由冬牧场迁到夏牧场，小孩子们才从深山里出来，也正渴望着热热闹闹地玩一场呢！

于是，家长们又紧张又兴奋，在孩子耳边小声出着主意，教他们如何与小朋友交往，如何成功地拿回礼物。我无奈地看着儿子，由小至大，他都只会给而不会拿，这一次肯定会输得最惨！

时间一点点过去，家长们三三两两地隔河观望。终于，第一个孩子回来了，空着两手，却得意地张开缺了门牙的小嘴，展示那块将要吃完的奶酪，让人忍不住想亲吻他。接下来，孩子们陆陆续续回来了，有捧着一把羊毛的，有举着一朵小小野花的。最有趣的是个可爱男孩，用塑料袋提着一坨牛粪悠然走回来。众家长又是吃惊又是大笑，不约而同地热烈鼓掌。

我却渐渐焦灼，禁不住向他们打听儿子的情况。有个伶牙俐齿的女孩抢着说："他翻跟头输给了一个哈萨克族小孩，去帮人家放羊了！"我在心中长叹：儿子不仅没装上那根弦，看上去又少了一根呢！那些归来的孩子们，蹦蹦跳跳地跟着家长去林子里摘青核桃、采桑葚、捡松塔，到处是欢声笑语。我却仍然站在河这边，望眼欲穿。

最后一个孩子也捧着块鹅卵石，欣欣然回来了，我的儿子却还没有影子。领队悠然地说："别担心，一起去看看吧！"我们踩着石头，涉过浅而清亮的小河，翻过绿茸茸的小山，找到儿子的那一刻，我惊呆了。

也许是阳光太暖，花太香，也许是驼铃声太柔软，他和那个哈萨克族小孩躺在绿草上，像一对兄弟那样头挨着头，睡着了。而那群白羊灰羊花羊也围绕在他们身边，乖乖睡了，最外层睡着的是头憨态可掬的小牛犊。悄悄地走近了看，我和老师几乎要大笑出声。他俩共同握着的漫画书，此时只剩书脊和两只小手攥着的那一部分。他们睡得如此酣甜，梦里却不知道，漫画书已被馋嘴的羊一口一口啃掉。

老师悄悄举起相机，拍了又拍。鸟不叫，风轻吹，小野花的影子映在孩子脸上，摇摇晃晃，像皮影戏。时光浓稠，仿佛在这里停住。还有什么礼物，会比这段时光更温馨呢？

叫醒两人后，哈萨克族小男孩呆呆看着手里的一角残书，忽然气极，举起鞭子冲向羊群。儿子挡了过去，再三恳求，求他手下留情。男孩在气头上，不听。儿子忽然拍拍脑袋："别冤枉好人，一定是我吃的。我做梦时肚子饿了，拿着汉堡使劲啃呢！"小男孩破涕为笑，放下鞭子。儿子还答应，一定要买两本一模一样的漫画书给他寄来。男孩用生硬的汉语问："为什么是两本？"儿子答："万一下次再被羊吃掉了，你就不会那么生气。"

羊开始啃草，牛犊傻傻向前跑，阳光追逐着两张单纯的笑脸。我忽然觉得，这个脑子里少根弦的孩子，生活里却乐趣多多。他天真自在，善良实在，给人快乐，也收获愉悦。人生若是一架琴，那么，并不是弦越多越好，能弹奏出自己的精彩才是最重要的事。

忽然，手机响起来，好友关切地问东问西，我一一答复。说到夏令营的名字时，她惊叫起来，说这根本不是她推荐的那一家，还抱怨一定是我的脑子也缺根弦，否则怎么会听错夏令营的名字。我微笑着，掬起一捧五月的阳光，我想告诉她：这世界，正是因为我们脑子里少的那根弦而精彩。

第 3 个故事 ▶▶▶

星星老了，就会碎成一场大大的雪

台灯温柔的光辉里，一个写道：亲爱的，我感冒了。今天下雪了，每一颗星星老了以后，都会碎成一场大大的雪……另外一个写道：亲爱的，我一定会去给你送药。我这里也下雪了，很大很大，星星碎了就变得很轻很轻，落在哪里都不疼……

儿子感冒了，两天没去幼儿园。到下午，烧退咳止，小病猫立刻变成了活猴儿：身披床单吆喝着“大王叫我来巡山哪”，满屋子乱窜。他满怀憧憬：“要是能天天生病就好了！”我说：“你已经是好了的人，明天就可以去幼儿园了。”他提醒我：“明天星期六，好人坏人都不用上学。”

今晚有寒流，大风吹得高树呜呜响，屋子里很暖和。我和老公靠在沙发上，听儿子讲他自己编的故事。

门铃忽然响起来，这么冷的天还有客？打开门，我更纳罕：多好看的小女孩啊，像小仙子！小仙子礼貌且大方：“阿姨，我叫黄丝丝，是伊文的同学。听说他病了，我拿药来给他吃。”她举着个绿色小纸袋，笑盈盈的。

我赶紧请小朋友进来，她的大红披风上覆着层雪，小靴子上也是半融的雪。

我帮她脱下披风，又去找拖鞋，老公忙着洗水果。

而那两个小朋友早跑到阳台上，手牵着手看雪。儿子说：“每一颗星星老了以后，都会碎成粉末，下一场大大的雪。”女孩说：“星星本来很重，碎了就变得很轻很轻，落在哪里都不疼。”我听得呆住了，几乎想立刻跑过去，跟他们一起玩。

可我到底没有打扰孩子们，自己去书房看书。刚看几页，就听见儿子叫爸爸妈妈快来。

他们已经转移到小卧室了。儿子郑重地指着书柜：“我们结婚以后，要把所有的漫画书都放这儿。”小女孩说：“我的漫画书也要搬来！”我与老公惊骇地对望，也不敢笑，只是点头。他们两个指指点点，兴致盎然，盘算着未来的日子。老公挠挠头，笑呵呵地走了，我抽一本漫画书，坐地上翻看。

两人计划要养一匹马，一起骑着上幼儿园。在白马和红马的问题上，两个人争执起来，互不相让，声音越来越高。我建议用石头剪刀布来定夺，结果儿子赢了，跳到床上欢呼，小姑娘扁着嘴，要哭要哭的。我对儿子耳语：“赢都赢了，男生谦让一下，才有风度。”儿子同意了，于是，他们拥有了一匹白马。

接下来，是一连串乐陶陶的好日子：你做蛋糕我种花，你栽葡萄我酿酒。每到周末，还有一场盛大的舞会，全城的小人大人老人都跳舞唱歌。歌舞正酣时，小魔怪出现了，它用魔法掠走所有人的鞋子。小男孩与小女孩挺身而出，大战三百回合，俘获盗鞋魔，带回家来。那小魔怪无恶不作，时而泼翻可乐，时而打碎花瓶，两人决定把这家伙送往幼儿园。让它上小班还是大班时，他们又吵起来，几乎要绝交。我俯在小女孩耳边，轻轻说：“这次，轮到你让他了。”小女孩鼓起嘴，倔强地摇头。

我温和地说：“两个人一起玩，可以生气，可以吵架。可是你们种的花还没开够，舞会还没结束，盗鞋魔还在打滚哭闹。如果还想继续一起酿酒烤蛋糕，跳舞唱歌，非得彼此谦让不可。”小女孩含泪点头。儿子不忍：“我再让你一次吧！”

小女孩跳起来：“不，下次就轮到我说了算！”

几经坎坷，终于天下太平，风调雨顺。葡萄碎裂后，不哭不闹变成酒；玫瑰开累了，就交还红与香变成泥。现在，他们拥有一个葡萄园、一千只羊和一千块花田。每一块田里的花都不一样，有玫瑰、风信子、铃兰、薰衣草……他们已经一百岁了。

我去了一趟洗手间回来，剧情骤然逆转，两个人恶言相向，竟至互相推搡起来。我吓了一跳，忙问缘由。原来，女孩要离开家，去当时装模特。

儿子委屈地说："我本来想去当歌手的，可是因为要和你一起种田种花放羊，我就忍住没有去，忍了整整一百年……"

小女孩也哽咽："我一直想当模特，因为要跟你在一起，我就忘记了，忘记了整整一百年……"

啊，我只觉荡气回肠。这些一百年后才说出的委屈，一百年后还洁白芬芳的初心。

两个人都哭了，伏在我膝上，要求公平。你看，如果没有一个婆婆，他们只能抱住自己的膝盖哭。

我想了想，说："一百岁了，喜欢做什么事就去做吧。你去当时装模特，一百岁的人也是要穿好看衣服的。你去当歌手，一岁到一百岁的人，都有喜欢听歌的。"

他们两个同时问我：花田怎么办？羊怎么办？葡萄园怎么办……

我说："交给你们的儿子和孙子吧，他们谁爱种花就种，谁爱放羊就放，谁爱酿酒就照管葡萄园。"

小姑娘讷讷地说："天哪，我们太忙了，都忘记生孩子了……"儿子也为这一疏忽懊恼地拍拍头。

我笑起来："这个城镇有很多年轻人，你们可以把羊群花田果园交给他们。"

两个人拍手称赞。

小女孩弯着腰驼着背，在地上走了两个来回，咳嗽着问："我是不是太老，穿衣服不够好看？我能不能变回去，变得又小又美？"

我回答:“不能，你不能要两个人生。你现在是个好看的老太太，你身上有玫瑰花香，你亲手编织的羊毛裙子又暖和又好看。你是一百岁的公主，我爱你。”

儿子抱着吉他，嘶哑着嗓音唱:“请给我讲那亲切的故事，多年以前，多年以前……”

不一会儿，两人又起纷争，他们决定分开。

我不是不震惊的，可他们没有征求我的意见，我只能保持沉默。

他们去了不同的国家，当一天的演出结束时，两个百岁老人，伏在书桌的两端，给对方写信。台灯温柔的光辉里，一个写道：亲爱的，我感冒了。今天下雪了，每一颗星星老了以后，都会碎成一场大大的雪……另外一个写道：亲爱的，我一定会去给你送药。我这里也下雪了，很大很大，星星碎了就变得很轻很轻，落在哪里都不疼……

老公探头进来:“嘿，快到十二点钟了，小朋友你该回家啦！”他顺手开亮耀眼的顶灯。

所有的梦在刹那间醒转：花田，羊群，未写完的信……在这一刻全部退去，只有两个如梦初醒的小孩，还有我。

儿子抗议:“哪有赶客人走的！”小女孩也不愿走，我搂住两个小人儿:“今天真的太晚了，丝丝先回家，明天一起堆雪人好吗？”孩子们跳起来欢呼。

门铃急促地响，打开门，一个满脸眼泪的妈妈抱住了小女孩，又是抱怨，又是欢喜:“你说只是看看同学的，怎么那么久？叫我到处乱找，最后给老师打电话，才找到这里的……”

直到离开，亲家都又哭又笑，没有看见我这个微笑的婆婆。

第 4 个故事 ▶▶▶
你好，陌生人

无论世界是大是小，善意总能让陌生人变得熟悉而亲切，也能将异乡风雪变作故乡梅花，使人踏着荆棘不觉得苦，有泪可流，却不是悲凉。孩子，往往比我们更勇敢。

女儿从小不认生，满世界皆是可亲之人，见谁都笑，甚至刚刚把针头从她身上拔出的医生，挥手再见时，也能获赠一个泯去恩仇的笑。

曾经在餐馆外，小朋友隔着玻璃幕墙与一位陌生姐姐玩，两人在玻璃上追逐对方手指，乐得跟什么似的。姐姐离开时，她因舍不得而号啕大哭，直如生离死别。

一转头，看见卖气球的老爷爷，湿答答的脸上立刻绽开粉嘟嘟的新笑容，顿忘前尘。

夏天，女儿初初学会走路这种本事，新鲜得了不得，我去附近银行办事也要跟着。她发上簪着娇滴滴的樱桃发卡，爱煞人，旁边一位老奶奶禁不住伸手抚摩。这小孩觉得有趣，非要攀上我的肩，也摸摸奶奶的苍苍发髻。这素不相识的一老一少，你来我往，玩得咯咯笑。

女儿渐渐长大，我在街边买瓜果时，店家总挑好的给我，买蛋糕也多加两粒蓝莓。东西不多，难得的是那潜滋暗长的小暖意，我总以为是自己人品好。有次买花没零钱，卖花的不以为意："下次补吧，大家都认得你，你是那个小酒窝的妈妈。"我怔住，前前后后一思量才醒悟过来，原来，这都是女儿的好人缘。

婆婆却忧心忡忡："孩子总这么憨，像个不长心计的小糖人儿，万一遇着个歹人怎么办？”爸爸不以为然：“哪有那么多坏人！”饶是如此，我还是细细教导了女儿一番，教给她如何防范陌生人。她正吃桃子，满脸桃汁，只管咿咿唔唔点头，也不知记住没有。

那天下午，同事打电话说，要来我家取一份资料。甫一进门，这个平日沉稳持重之人就大惊小怪地开讲：“楼下有个小女孩好可爱，她替我指路，还教我怎样识别坏人……”我瞠目结舌，他开心得忘乎所以，手比口讲：“那孩子讲话真有趣，她说舅舅是坏人。因为舅舅每次来，都会带着好吃的零食和玩具，还带她出去玩，妈妈告诉她，坏人都是这样欺骗小孩的……”

说着说着，同事眼睛放光，连家乡话都出来了：“囡囡说我是好人！”我惊骇到说不出话。这位先生平素最怕小孩，结婚多年并无生育计划，用餐、乘机甚至散步，遇到小孩都要远远避开，今天竟跟一个陌生小孩攀谈，得了个好人称号就激动成这样。

同事还在絮絮赞叹：“那孩子声音太好听，像银子那么清亮……”他把我拉到窗户边，指给我看：“喏，就是那个红裙子、长头发的囡囡！”

我忍无可忍，拨开他衣袖，又好气又好笑：“那是我女儿，年会时戴着天使面具去你身边坐，你吓得躲开五步远！”

同事如梦方醒，讪讪地说：“真有这种事？那我下去道歉。”

片刻之后，我看见致歉者得宽宥，归鸟得南枝，陌生人成良友，天地宽柔。

这些情景，一丝不落地看在婆婆眼里，她又开始叹息，说女儿心无芥蒂，叫人忧心。我并不觉老人啰唆，他们尝过世间的盐，走过宽窄的桥，心有猛虎，亦植蔷薇。

我安抚老人，我讲的话女儿是记住了，只是童心烂漫，并无分别心，无论亲疏，在孩子眼里都是久别重逢的故人，皆可携手嬉戏，同吃同玩。要学会辨识，还须耐心引导。

周末，我们一家去逛早市。这一路上，女儿结识了好几位朋友，甚至还得到一名穿超人斗篷的小男生的邀约。两人打算下午一起去广场玩，而且不带家长。小孩子可以在一秒内信任对方，大人就未必了。超人的妈妈尽管面有难色，但拗不过儿子就答应了。奶奶则在我耳边嘀咕："不知根不知底的陌生小孩，怎么可以一起出去玩！再说两个人都指甲盖那么大，没有大人跟着哪行啊！"我朝老人家挤挤眼，叫她先别反对，我自有主意。

下午，女儿准时出门，我悄悄尾随。小超人已先到广场，他们荡秋千，滑滑梯，又看了会儿别人放风筝。很快，我发现了小男生的妈妈也尾随其后。两个人会心一笑，分别躲在隐蔽之处，忠心耿耿地做保镖。荡秋千时，女儿险些翻下吊椅，饶是同伴手快扶住了她，脑袋似乎还是被磕了一下。我当时几乎要挺身而出，但最后还是忍住了，因为女儿只摸了摸头，又快乐地荡起来，开心都来不及，哪有时间哭？

他们在人丛里悠闲地逛了会儿，又去看月季花。花圃边的长椅上，一个坏脾气的小妹妹不理会妈妈的劝阻，揪下自己的鞋子扔到草坪上。他们帮忙拾回来，小妹妹觉得有趣，立即停止哭闹，一遍一遍扔鞋，他们也当作开心的游戏，争先恐后去拾。旁边有个老太太竖起大拇指："三兄妹好和睦，相亲相爱的一家子。"

我窃笑：这是相亲相爱的陌生人啊！

黄昏时，两个小人儿挥手告别，各自回家，我们两位家长也暗暗点头告辞。

这时，空荡荡的路上，忽然走过一位年轻男子，身材高大，语调温和。他与女儿攀谈起来，问她几岁了，家住哪里，上小学还是幼儿园。女儿毫无戒备，一一告知，并且连家中电话也顺口背出。我心中不安，靠近两步，随时准备现身。

那男子又问女儿，为何单独走路？爸妈在哪里？女儿对答如流，说在跟爸爸妈妈捉迷藏呢，他们可能躲在前面的树丛里。我又惊又喜，这理由简直妙不可言，爸爸妈妈会藏在任何地方，也会在任何时候出现。此时，陌生人从背包掏出一把玲珑的小红伞，向女儿比比画画。我的心咚咚跳，叫自己沉住气。看见女儿摇头拒绝，我暗暗为孩子喝彩，好样的！

那人硬是将小伞塞入女儿手中，两人开始拉扯推让。我还未出声，一名推婴儿车的女子已气喘吁吁跑过来，挡在女儿前面，质问那人意欲何为。年轻人大窘，举起小伞叫我们看，上面印着广告，有家新开张的甜品店儿童节大酬宾。他解释，因为小女孩实在可爱，忍不住多聊了几句，又特别想送她这把小伞，所以才造成一场误会。

女儿对尴尬的年轻人说："叔叔，我想要两把小伞。"我颇为疑惑，年轻人开心相赠，还给婴儿车也插上了一把。我心里暗自决定，下周就带全家人去这家店里吃甜品。女儿看着熟睡的婴儿，惊喜地说："这是扔鞋的小妹妹。"女子也认出了女儿，感慨道："真是有缘。"

到家后，我崇拜地问女儿，为何能这么聪明地应对陌生人。女儿骄傲地说，幼儿园老师经常讲，还请警察叔叔在课堂演练，她做得最好啦！

但我仍有疑惑："那你为什么把住址电话都告诉他了？"女儿得意地笑道："我说的是舅舅家的。"

全家哄然大笑，有这么一个外甥女，舅舅不知该哭还是该笑。

我忽然想起一件事，问女儿："你为什么要两把小伞？"她回答："昨天转来一个新同学，叫黄丝丝，一整天都想哭而不敢哭的样子，不说话也不玩。我送一把小伞给她，说不定明天她就会笑，哭也可以啊！"

我的心忽然柔软，无论世界是大是小，善意总能让陌生人变得熟悉而亲切，也能将异乡风雪变作故乡梅花，使人踏着荆棘不觉得苦，有泪可流，却不是悲凉。

孩子，往往比我们更勇敢。

第 5 个故事 ▶▶▶

我在教丁香树开花

寒冰会学着开出甜花，成为冰激凌；黑夜会学着融化，凝成巧克力。而我们，相互学着开放，学着摇曳，学着在经历过最深的恐惧绝望以及厌倦之后，仍会或羞怯、或放肆地释放出心里最明净的温柔。

第一次遇见那少年，是初冬。午后的阳光暖得像春天，小小的蛋糕店里，溢满了糕点刚出炉的香，仿佛每个人都幸福。

店旁有所小学，放学后，店里会挤满鸟儿一样叽叽喳喳的小朋友，煞是热闹。此时，顾客不多，店主夫妇悠闲地聊着天。谈到门前那棵不开花的丁香树，一个打算挖掉重栽，一个说再等等看。老奶奶的语气里带了气恼：“我六十岁了，又不是六岁，等不了那么久！”老爷爷笑：“明天起我就教它开花，保证到春天就学会了。”

我不禁莞尔，拎着盛糕点的纸袋，准备离开。身后忽然有人叫道：“阿姨偷走我们的点心啦！”我大惊，转头，那位个子高高面庞稚气的男孩，正是冲我喊叫的。有位中年人边向我点头致歉，边揽住男孩的肩，努力安抚道：“你看，我们的点心在这里呀！”他打开手中纸袋，里面的点心与我的一模一样。少年恍然大悟：“原来，是我们偷了阿姨的呀！”大家都笑了，连正在生气的老奶奶也笑得眼睛弯弯。

那位父亲温和地解释了很久，再加上我的说明，男孩才弄明白大家谁都不是小偷。他用双手蒙住脸，向我道歉，那模样似乎只有三岁。

父亲平静地告诉我，儿子十九岁了。他一直都在努力学习说话、购物、坐公交车等技能，希望再有十九年的努力，他能变成一个像大家一样的普通人：工作或失业，恋爱或失恋，结婚或独身。

父亲头发斑白，语气平和。这十九年来，他们一定有一段漫长的故事，有他们共同承担的无数往事，还有点点滴滴积攒起来的勇气与人生经验。可我什么也没问，只是目送这对父子远去，那棵丁香树，默默与我站在一起。我想：老爷爷将会怎样教它开花呢？

天越来越冷，丁香树只余纤纤弱枝。我常常在蛋糕店遇见这对父子，我发现，儿子没有安全感，只要离开父亲几步，就会惊慌失措，语无伦次。每次，爸爸都鼓励儿子自己去排队。那么高那么高的一个男子汉，扭来扭去，千劝万劝才肯挪步。轮到他买东西时，又期期艾艾，半天讲不清要什么。这时候，老爷爷笑眯眯的，举起两手摇着，像足了他身后的招财猫："慢慢想哦，慢慢说哦！"老奶奶又絮絮地说着她梦想的丁香花的颜色，光阴似乎停住，盘子里的蛋糕和面包，静静地香。

儿子成功买到面包后，父亲会向老夫妇以及后面耐心等待的客人再三道谢。他说，儿子特别喜欢这间店，这是他能记得的最远的地方。出来的时候，男孩喜欢站在丁香树下，与树比一比身高。老奶奶逗他："谁高呀？"男孩大声回答："我高！"这时候，他很像很像一个普通人。

爸爸渐渐拉开与儿子的距离，每次似乎只有一步，后来，他退到店外。儿子时不时扭过身子，见父亲就在丁香树下，便长嘘一口气，抹抹鼻尖上的汗。

一个春天的周末，男孩居然独自来到蛋糕店，我不禁一喜，见他忐忑，又隐隐担忧。今天顾客特别多，有个小女生过生日，丁香树下的两张桌子被拼到一起，坐满了笑语盈盈的小伙伴。店主一个人忙，他说老妻在楼上，怎么叫都不肯下来，又在为丁香树不开花的事不高兴了，为了给她个惊喜，已经找人来挖树了。男孩神色愈发紧张，嘴唇哆嗦着，欲言又止。

老爷爷轻声问他要什么，男孩汗珠迸出，语不成句。他一转身跑出了门，老爷爷大惊，急忙向店内的顾客抱拳致歉，跟了出来。老爷爷指着橱窗，一样样问他：蛋挞、冰激凌、面包……站在丁香树下的男孩，只是摇头。最后，男孩缓缓张开双臂，蹲下去，再站起来。一句话哽在胸口，如一朵花哽在枝丫，他只能以这种方式表达。

那位头上戴着老鼠头饰的女生恍然大悟："我猜，哥哥想要个生日蛋糕！"

另一个女孩附和道："对！对！他说，蛋糕上要开满玫瑰花！"

"上面要浇好多好多巧克力，像下大雨一样！"一个男生兴高采烈地喊。

忽然，男孩的目光充满惊喜，他的父亲出现了，也许，他一直都在附近。像魔咒被解除，男孩开口，一个字一个字地说："我在教丁香树开花，不要挖掉丁香树。"

寿星女怔住，随即调皮地张开手臂："我是丁香树，我学会开花啦！"孩子们笑着，嚷着，纷纷张开手臂，开出一朵又一朵的丁香花。刹那间，我也想张开手臂，尽情开出满心的花朵。

老奶奶匆匆下来了，她气喘吁吁地向男孩保证：永远不会挖掉这棵丁香树，会一直等着它开花，如果不开，也没有关系。

掌声、欢呼声，让我的鼻子隐隐发酸。在这座小城里，我们陌生又熟悉，有时相遇，有时忘记，有时彼此守护，彼此学习。

所以，寒冰会学着开出甜花，成为冰激凌；黑夜会学着融化，凝成巧克力。而我们，相互学着开放，学着摇曳，学着在经历过最深的恐惧绝望以及厌倦之后，仍会或羞怯、或放肆地释放出心里最明净的温柔。

第 6 个故事

善意，比生命更长久

当我确认自己是弱者，并决定顺从那强悍的命运时，你却预言我能赢一百次。这善意，比生命更长久。它穿过阴霾，照亮岁月，赐予我一片谢了又开的花海。

父亲的主治医生通知我，说有要事相商，我却迟迟没有过去。

一阵微风，穿窗而过，吹落了一片百合的叶子。病床上，父亲仍在昏睡。我整夜握着他的手：这双青筋盘绕的手，曾无数次将我举高，曾给我最大把的糖果，曾为我修出一间向阳的小屋，在门前种树，在窗下种花。而此刻，我不能替他痛，不能替他咳，也不能替他背过那个叫作癌的大包袱。

终于站到医生的门前，却又没勇气推门。整个肿瘤科都静悄悄的，静静地疼。即将崩溃的我，真想不管不顾，躺在冰凉的地上，放声大哭，打滚撞墙。

忽然，有个小小声音，温柔绽放："来，我们来拍卡片吧！"我木然转过头，打量面前这小小男孩：雪白皮肤，卷发，深目高鼻，很像圣艾修伯里笔下的小王子。小王子穿落日红的羊毛衫，手里握一沓厚厚的卡片，上面的卡通人物已磨损得面目模糊。拍卡片曾是我的最爱。童年时，老树下，两个小人，头对头，惊呼喧笑，能从日光晴明玩到月上东墙。

此刻，我轻轻摇头，他却拉我坐在长椅上，声音轻得像梦，像落花，却格外清晰："来吧，就玩一会儿！"

我摊开双手，给他看："对不起，我没有卡。"

是的，我什么也没有，在这世界上，我马上就要变成一个孤儿了。

他慷慨地分出一半卡片，交到我手心：“这些都是你的！”

我气馁地推开：“可是……我赢不了，我太笨！”他怔了怔，从衣兜里掏出另外一沓卡片，笑道：“你看，这些都是我给我的小妹妹买的。”说到妹妹，小王子嘴角笑意盈盈，口吻里全是骄傲。他拍拍我的手：“现在全部都给你，你肯定能赢！”

这世上，晨露般的目光最让人无法拒绝，疲惫、悲哀、疼痛，都不能。

心不在焉的我，局局皆输。小王子看着我灰败的脸，似乎有些担忧。他温文有礼地自我介绍道：“我是维吾尔族人，叫沙吉达，跟妈妈一起来的。你叫什么名字？”我手上正拈着个怪兽卡，便闷声答道：“我叫怪兽！”沙吉达面露惊恐，我苦笑，若有怪兽的魔力，我必会上穷碧落下黄泉，翻江倒海，与死神对决，救出父亲。沙吉达问：“我想给你重新起个名字，叫沙伊达，好不好？”我疲惫点头：“好。”随便什么都好，小猫，小狗，小棍子都行。反正，父亲都不能再叫我了。

蓦地，不知哪间病房传来咳嗽声，我惊跳而起，欲冲过去，忽地又意识到：哪里会是老爸呢！他若能咳出这样洪亮的声音，我愿意拿命来换。痴痴想着，手中的卡片扑落落撒了一地。那小孩弯下腰，一张张捡起，理好，仰脸叫道：“沙伊达，再来玩，我的小妹妹都能连赢十次呢！”

听到这句话，我心念一动，忽然抓起卡片，念念有声地祈祷：“仁慈的老天啊，如果老爸还有希望，请让我连赢十次！”我打起精神，全面反扑，果然战果辉煌。小王子一直在轻轻拍手，轻轻喝彩。忽然，他不解地问：“我妹妹赢一次就会翻着跟头笑，赢两次就会像蝴蝶那样，在紫色花田里飞起来笑。你赢了七次，为什么还噘着嘴巴？”我愣了愣，微微一笑。这时，医生推开门，示意我进去。

跟医生谈了半小时，得知父亲时日无多，我心下惨淡，茫茫然走出来，几乎撞到沙吉达身上。他叫道：“沙伊达！沙伊达！”我置若罔闻，他握住我的手：“我们晚上再玩好不好？你可以赢一百次的！”我不回应，他气喘吁吁地说：“沙伊达，我要告诉你一件事！”我挣开那只柔软的小手，径直走进病房。

父亲仍在昏睡，我紧紧握住他的手。像小时候，我不许他去加班，不许他喝多了酒，不许他出远门。不知过了多久，我抬起头，惊诧地看见暮色里，那小小少年仍在门外徘徊。我摇摇手，他怏怏离开。入夜，姐姐来换我，嘱我吃饭、休息。走在街上，路两旁灯火通明，小吃店里笑语喧哗，仿佛全世界只有我一人难过。

夜深了，我仍在跟姐姐通话。按照家乡的风俗，明天一早，我们将带父亲回家。两个人都有些黯然，沉默了好一会儿，姐姐说：“有个长长睫毛的维吾尔族小孩，不知找谁，在门口坐了好久，刚刚才走……”

我心里一惊：是沙吉达吧，一定是他！他说过要找我玩，要告诉我一件事的。我沉吟片刻，终究，还是挂掉了电话。

父亲离去时，我很安静，一种认命的安静。只是，我的心却没有了热度。好的音乐，好的文字，甚至好的景色，再也不能令我感动到眼眶湿润。晨跑终止了，体检也一拖再拖，没有什么事非要在今日做完，也没有什么事一定要做。无论内心和肉体修炼到多么强大，只消命运的一阵微风，我们立刻就如吹落的叶子，终结旅途。

暮春，风扬落花。快递敲门，递给我一个小小的邮包。我以为是前一阵在淘宝上买的小玩意儿，懒得拆封，便随手撂下了。

周末的下午，我接到一个电话，对方说是沙吉达的妈妈。我愣了好一阵，才想起这名字，便问道："您的病好了吗？"她温和地回答："我没有病，病的人是沙吉达。"我的头轰地一响，叫道："他那么小，怎么会是病人？他什么病？"我知道自己问得蠢透了，病魔哪里管年龄性别籍贯，住在肿瘤科还能是什么病！

听到小王子已经离去，我反复念叨："不可能的，不可能的……"沙吉达那么小，小得像玫瑰花里新生的蕊，小得像飘在阳光里的金色绒毛，死亡的兀鹰哪里看得到他！可想起他那苍白的脸庞，微蓝的血管几乎清晰可见，想起他那柔弱的声音，连笑起来都有些气促，我的心又开始痉挛。

这位母亲说，在最后的时光里，沙吉达念念不忘，要给一个叫沙伊达的人写一封信。于是，母亲恳求医生帮忙，找到了我的电话和住址。现在，她问我可曾收到那封快递。

我跳起来，在各个屋子里乱翻，慌乱之中，连饭锅和微波炉都揭开看了一遍。

最后，终于在阳台上的花盆边，找到了那个小小的邮包。抖着手，拆开一层层包装，我看到一盒崭新的卡片和一封信。信，是小王子用拼音写的，我一个音节一个音节地拼出来：亲爱的沙伊达，你能赢一百次！下面画着一大片紫色的花田，有只蝴蝶张开小小的翅膀，掠过风，带着笑，飞向云霞深处。

我终于明白：风可以吹落一片叶子，却无法吹走一只蝴蝶，因为，生命的力量在于不顺从。

看着看着，我笑起来，笑着笑着，眼泪就掉下来。信纸上似有霞光汹涌，暖流拍岸，连我的指尖和发梢都要开出鲜花来。

沙吉达，初相见时，我衣服皱得像咸菜，脸像苦瓜，眼泪随时要掉下来。可你执意跟我玩，执意要我赢，执意想看到我的笑。我们未说再见，却再也不会相见。当我确认自己是弱者，并决定顺从那强悍的命运时，你却预言我能赢一百次。这善意，比生命更长久。它穿过阴霾，照亮岁月，赐予我一片谢了又开的花海。

第 7 个故事 ▶▶▶

妈妈，你配得上世间所有美好的事物

妈妈，你也是玫瑰，你不是花肥，我已经长大，你不必一直以我为世界中心，更不可以给自己加许多莫须有的罪名。

离婚后，儿子跟着爸爸，所以前夫说要再婚时，我的心突突直跳。在本埠新闻里，后妈基本上是妈妈群体中的异类：她们美丽阴冷，以伤害前子女为生，最厉害的时候可以取人性命。

但儿子运气似乎不错。他仍然常常来看我，爸爸很忙，继母开车管接管送，非常周到，我舒出半口气。听儿子说继母还好相处，只是她带来的那个姐姐很是嚣张，我又开始惶惶不可终日。

听说那女孩比儿子大两个月，在国外读的初中，打小就是个人精，自然事事都把儿子比下去。更何况人家有亲妈撑着，儿子在气势上先就弱了。我口中不说，心内懊恼，为何当初离婚时不豁出命来上演争儿大战，让孩子落得如此不堪？这一焦虑可好，胃痛发作，舌底生出囊肿，连饭也吃不成。

过几日，儿子笑眯眯问我："可不可以带姐姐过来玩？"情况这样急转直下，令人心惊。儿子解释说，姐姐在英语学习上帮他很多，他则为姐姐补习数学，并且两人都爱运动，喜欢哲学、植物和考古，现在已是好朋友。当我听到女孩只是暑假回国来玩，不会长住时，禁不住小人般在心底偷乐。满天愁云一扫而空，我这才有心思去医院看病。医生说胃病与情绪有关，只是舌头要做个小手术，我将约定的时间记录在手机和电脑的备忘录上。

因感激她母女善待我儿，姐姐来的那天，我特地花心思款待她，并做了几样点心，叫她带回去给妈妈尝尝。女孩是个糖人儿，开始叫我阿姨，来了两回之后，也就跟着儿子顺口叫起妈妈来，令我的一颗老心酥麻震颤。一切看上去皆大欢喜，但我总是忐忑不安，怕自己命小福薄，享不起这彩云琉璃般的好。木心说，人要临危不乱，临幸福也不乱，可我对幸福都心怀恐惧。

事情果然说来就来，那天我正炒菜，听见书房里大吵大嚷，吓得提着锅铲就冲过去了。原来，姐弟俩准备给我过生日，姐姐提议由他们两人出资去西餐厅庆贺，让我别操一点心，只顾吃喝玩乐就行，弟弟却执意要在家中小聚。

弟弟声音很大："我从小到大，就爱吃我妈妈做的饭，穿我妈妈织的毛衣，喜欢她替我剪头发……"我心里一热，鼻子就酸了。姐姐不客气地反驳道："你已经长大了，妈妈身体也不太好，她不是你忠心耿耿的全能型仆人。现代社会服务完善，妈妈应该把时间和精力放在她自己喜欢的事情上，更多关注自己的健康，好好享受人生。"

见我出现，弟弟更不饶人："又不是你的妈妈，要你来伸手动嘴，多管闲事！"

这话着实刁钻，我想去安抚姐姐，但女孩并未动气，她平静地说："我第一次来，就发现在这个家里，冰箱里全是弟弟爱吃的东西，书橱里全是弟弟爱看的书，电脑里全是弟弟的游戏和学习资料……"

儿子哂笑道："你妒忌了？所以千方百计来破坏？"

女孩诚恳地看着我："妈妈的世界里几乎没有一丝自己的气息，就像个隐身人。"我静静回应："我的儿子就是我的整个世界，这些年，他支撑着我活下来。"

女孩摇头："我妈妈从前和你一模一样，仆心仆命地照顾我，离婚后常常内疚没有争取我的抚养权，于是拼命工作攒钱，想买套房子留给我。我说妈妈你也是玫瑰，你不是花肥，我已经长大，你不必一直以我为世界中心，更不可以给自己加许多莫须有的罪名……”我被深深震动，窗外的白杨树叶子喧哗着，像河水汤汤。

女孩微笑：“花了很长时间，妈妈才学会关照自己。她回国工作，恋爱结婚，我见证过她的惶恐与心安，我爱她的懦弱与勇敢。你们这样的妈妈，配得上世间所有美好的事物。”

沉默很久的儿子忽然出言相讥：“你并没有那么爱你妈妈，你昨天还嫌她太胖呢！”我大窘，女孩也愣住，连耳根都红到透明。涵养再好也是个孩子，她抓起外套就走，说想下楼静一静。

我叹着气问儿子，为何不能好好说话，要这样夹枪带棒地伤人，何况姐姐并无恶意。儿子懊恼地跺跺脚：“我就是为这个才生气！她说的每个字都有道理，我觉得自己冷漠自私又浅薄，但又想拼命遮掩……”我只好劝解道：“女孩子心思细腻，天生带着暖意，你是男孩当然比不了，快去跟姐姐好好道歉吧！”

两个人都走了，丰盛的午餐无人问津。我站在阳台上，树上的蝉叫一声停住，又叫，楼下的夹竹桃红得叫人心惊。我心里的风暴，刮过来，又刮过去。这么多年来，我第一次听到这样掏心掏肺的劝告，对方居然是一个我时时提防的小女孩，而且她的母亲也一度被我当作假想敌，想起这些，真是又惭愧又惶恐。

隔天，我独自去医院做了舌底囊肿切除，手术后像往常那样上班，没有惊动任何人。周围同事早已习惯了我的沉默寡言，也不以为异。午餐时，我没什么胃口，打算冲杯麦片凑合喝掉。姐姐忽然出现了，她带着一小束花叶晶莹的铃兰，温柔又贴心地嘱咐我不要讲话，以免牵动伤口。办公室同事全都惊呆了，说是没看出平日低调的我，居然有这样一个灼灼其华的女儿。

接着，儿子也出现了，这可是开天辟地头一回。他腼腆地打开餐盒，将蔬菜粥和牛奶捧给我，毛手毛脚差点打翻桌上的水杯。同事们这下羡慕得眼珠子都要掉下来，他们啧啧称赞，赞我儿女双全好福气。我还不太习惯这样被人宠爱与赞美，幸好不用讲话，只是微笑。铃兰晨雪一般安静，香气轻浅，恰好让人忘记疼痛。

后来女孩向我道歉，她无意中看了我电脑上的备忘录，知道我要手术，于是约弟弟一起来送饭。针对我目前的颈椎和腰椎问题，姐姐建议我去办个健身卡，通过锻炼驱赶疼痛。弟弟说以后不许我再替他整理复习资料，他自己少玩会儿游戏就能弄好了。

我生日那天，三个人去影院看大片。银幕上火山爆发，洪水汹涌，男主角与女主角在争吵；银幕外我悠然吃着爆米花，左儿右女，心满意足。无奈影院冷气开得太足，我抱肩缩颈，冷到忘形。姐姐拿出条轻软披肩替我披上，并耳语说这是姐弟合买的生日礼物。我的心融化成哽咽的彩虹，随时可开出七个颜色的玫瑰。

我们吃完火锅，去 KTV 唱歌，在月光下散步，我从未试过像今日这般放松。这不像是过生日，倒像是重生。带着点酒意，我问姐姐为何待我这样用心。她坦率地回答：“以心换心，我希望弟弟也能跟我妈妈好好相处。”真的是近朱者赤，这个倔小子最近平和多了。

姐姐的暑假结束了，大家都去机场送行。若在往日，打死我也不会置身这种场合的，觉得太尴尬。如今为着这个可爱的姑娘，我已经改变太多。

见到姐姐要独自远行，我不禁红了眼眶。她的母亲赶紧劝慰道：“别难过，下个假期就又回来淘气了！”旁边有位老太太咕哝道：“你哪里懂人家母女的情分，这难过也是福气呢！”

我心里一甜，觉得自己果真有福气呢！

第二章

我们是一生一世的亲人，在孩子那里，我学会了如何长大，如何去爱，如何在漫长的人生旅途里，采撷到一朵又一朵惊喜。

Chapter 2

愈爱愈明白

第 8 个故事 ▶▶▶

和你一起，我不怕老去

我有一个小小的屋子，还有一个小小的孩子。即使没有春风，也有花开；没有夏雨，也有彩虹。窗外大雪纷纷扬扬，可窗内，我的玫瑰正香。和你一起，我不怕老去。

从前，我喜欢小孩。我觉得，一句香软甜糯的童言，即可逗笑全世界的花儿；一个稚拙诚恳的飞吻，足以抵得过春风十里，直教山明水秀，时光潋滟。

做了母亲之后，我终于知道：可爱小天使会当街打滚，无理哭闹；会一整日不吃东西，或无节制吃到胃痛；会努力将小手指塞进电源插座，试图替自己充电。

我化身抢险队员，东扑西救，疲于奔命。我不懂：钻石也不过五十八个切面，幼儿为何会有一千种莫名其妙的行为？我不禁羡慕起妈妈，在她口中，幼时的我，给她最多的是快乐、慰藉与勇气，而不是疲惫、无奈与困惑。

小东西好不容易睡着，我呼叫火警一般，拨通母亲的电话，历数女儿的种种顽劣，并哽咽发问："同样做母亲，为何您遇见的是玫瑰，我遇见的是刺？"沉吟片刻，老人家温柔回应："你四岁时玩火，差点烧掉整个家；五岁时藏在屋顶睡觉，让家人哭着寻找一夜；到了七八岁，拒绝听大人的任何意见……"握着话筒，我的汗涔涔而下，脸颊发烧，讷讷无言。母亲说："刺，也是玫瑰的一部分。"

当年，如果妈妈只见到刺，那满园玫瑰也只不过是一片荆棘丛。原来，有慧眼，才觅得到玫瑰的明艳；有慧心，才嗅得出玫瑰的芬芳。

1. 红玫瑰的花刺会跳舞

我开始学着母亲的样子，心平气和地看待那些“刺”。

下过雨的路，女儿跑跑跳跳，专踩水洼，并不时踏上窄窄道牙，抱一抱挂满宿雨的树。转瞬，湿了白鞋，污了红裙，散了小辫。见我并不呵斥，小朋友颇感惊诧：“可是要等回家再算账？可是要罚站不让看动画片？”我连连摇头，她抱住我尖叫大笑。雨后的空气，清甜如糖，女儿如嫣红玫瑰，那么好看。

吃快餐时，她尽其所能，将可乐、冰激凌、薯条、汉堡搅成一团，并且吃得津津有味。正自惊骇，她忽然将小勺送至我唇边。面对那团成分复杂颜色可怖的食物，我极力谢绝，她执意相劝。就在我忍无可忍，预备发飙时，手机铃声骤然响起。我跳到窗边，与那个陌生推销员聊了很久，直到瞥见女儿的杯子见底，我才窃笑归座。

周六早晨，我还向母亲夸口：我已升级为智慧型妈妈，再不会被情绪左右了！

可周一晚上，就差点被打回原形。加班回来，我口干舌燥，饮水机里空空如也，冰箱里也找不出半滴饮料。幸好还有电热壶，好不容易盼到水开，女儿却守在一边，如护食的小狗般嚷嚷着，不许我靠近。我气昏了头，猛拍一把茶几，旁边的米兰簌簌地掉叶子。这一瞬，我从窗玻璃上瞥见自己：攒眉拧目，龇牙咧嘴，活像个怪物。我心下暗愧，面对惊愕的孩子，尴尬微笑：“没事，没事！”她欣喜地指着水壶，神秘地说：“再等一下，就一下下，它就要起飞啦！”我瞪大眼睛，看水壶喷出大团白气，壶盖急剧跳动，再加上咕嘟咕嘟的声音，可不就是要起飞了嘛！只有孩子才能看出，一只水壶也有飞上星空的梦想！

当然，水壶最终没有起飞。小朋友是这样解释的：米兰太香了，它不想飞；妈妈太渴了，它不想飞；我太好了，它不想飞……花太香，人太好，就算我是那只善良的水壶，也会考虑留下来吧！

至此，我以为自己闯关成功，顺利晋级，谁知接下来发生的事，令我彻底失控。

我要去参加一场演讲比赛，因为事关企业形象，部门非常重视，特地请来高手，将我的稿子改得花团锦簇。一众热心人又出谋划策，准备了配乐配舞，五彩缤纷，煞是好看。排练时，掌声雷动，人人喝彩。我兴奋不已，特地将录像拿回家来显摆。认真看完后，女儿没有欢呼，却惊讶地问:“妈妈是在演小品吗？可你没有赵本山演得好哦！”

这句话，尖锐如刺，令我又痛又恼，立即还击:“我不好，别叫我妈妈了！以后你把赵本山叫作妈妈吧！”女儿的眼睛顿时湿了，默默回到卧室。可那句刺耳的话却挥之不去，不停地在我耳边重播。我辗转反侧，无法入眠。

正式比赛那天，场上热闹非凡，几乎所有参赛者都成了女儿口中的“小品演员”。纠结已久的我，彻底清醒，执意谢绝了配乐和配舞，并使用了自己的原始稿件。

很意外地，我荣获第一。

女儿认真地看着录像，我忐忑地看着她。终于，她热烈鼓掌:“妈妈讲得真棒！真棒！”她开始绕着我跳舞，一圈又一圈。我也站起来，笨拙地跟她一起跳，一圈又一圈。

红玫瑰的花刺会跳舞。纤小的花刺，通体透明，不懂得婉转柔软，不懂得投你所好，却能穿透所有浮华和喧嚣，让你看到最简单真实的好。

2. 蓝玫瑰的眼泪会弹琴

光阴渐行，花繁叶密，我的孩子也慢慢长大。可我越来越不懂，为什么那么爱笑的红玫瑰，会变成爱流泪的蓝玫瑰。

她笑，连小狗都跟着撒欢儿；她哭，窗前的米兰都不香了。看动画片会哭，读童话书会哭，下雨时也会哭。起初，我还会轻松地哄她："老师讲了要节水，你怎么能这么浪费呢？"再哭，我会无奈地问："你眼睛那么爱下雨，能看清书上的字吗？要不要安一副雨刷呢？"最后，我终于咆哮了："你这好哭鬼！不许再哭了，也不许再看这本童话书了！"我怒冲冲地夺走那本书，身后传来隐忍的抽泣声。

我的心疼了一下，像小时候，突然被菜园里的蜜蜂蜇了一口。我停了停，可终究还是没回头。

自此，她再也没有流过泪，我由忐忑变得安然。同事的孩子与女儿同龄，当她说起孩子爱哭难以管教时，我绘声绘色讲述了女儿成功转型的案例，并权威地宣称：直接告诉宝宝不许哭，最简单的方法最有效！当妈的不能老哄着孩子，该强硬的时候就得强硬！同事如获至宝，不时看看腕表，恨不能立即回家一试。

放寒假了，听说草原上在举办冰雪节，我们一家赶了过去。女儿一直很乖，拍照时，要她笑便笑，要她做各种可爱造型也极其配合。只是，游玩时，她始终与我们保持距离，一个人看冰雕，一个人捡松果，一个人跟小野鹿讲话。傍晚，我们回家，一上车，她便要求独自坐后排。一家人之间，忽然就有了种疏离的气氛。

从后视镜里，我看到女儿长久凝视窗外，动也不动。我以为她饿了，便递过去一盒云片糕。唤了好几声，这小孩才茫然回头，我看到的是一张满是泪水的脸。

原来，她是背着我们在偷偷流泪。我又惊又恼，喝道："爸爸宠你，妈妈爱你，煮你爱吃的饭菜，买你喜欢的玩具，无论工作多累，都要抽空带你玩，你到底有什么好哭的？到底还有哪些不满意？"

老公示意我收声，他停下车，坐到后排，温和地问女儿："你为什么哭呢？"我心头一惊，是啊，我怎么从未问过这个问题？女儿指着窗外，梦呓般低语："你看，外面多好看呀！"

顺着那小小手指望去：大漠深处，夕阳如红葡萄酒，积雪呈微微的粉色。有雄鹰平舒双翅，优雅低飞，每片羽毛都被逆光映成金红。此时，这大漠枭雄若痴若醉，仿佛下一秒就会溶化在烟霞里。没来由地，我的眼睛也开始湿润。

原来，有些眼泪是阳光下的樱花雨，是充满暖意的感激，而不是心有怨尤。我讪讪地挤到后座，向孩子道歉。小朋友欢天喜地地接受了，并与我勾勾手指，要友好一万年。

车子继续向前，我们头靠头坐在一起，女儿告诉我：看动画片时，她为那匹小马掉落悬崖而哭；下雨时，她为那只绿翅膀的小虫子无处躲藏而哭；看童话书时，她为小人鱼化为泡沫而哭……时光在这里倾斜，开出海水般的蓝玫瑰，而那些温暖泪滴，如花落琴弦，簌然有声。童年的我们，也曾这样敏感，可一旦长大成人，立刻忘了当年的纯情痴意，只以大人之心测“小人”之腹，将眼泪视为柔弱的个性签名，并无端加以制止。

到家后，我们挤在电脑前，看今天拍的相片。女儿特别喜欢那片百年松柏，在经年不化的积雪中，它们倔强挺立，翠意逼人。老公看我一眼，说：“无论怎样的钢筋铁骨，都是自柔软而充满善意的土壤里长出来的！”我拿本书挡住脸，难为情地笑。明天要去告诉同事：童心，本来就是纯白而柔软的。请允许孩子哭，允许孩子笑，允许他们以最自然的方式长大。

3. 和你一起，我不怕老去

废除“禁哭令”后，女儿却变得爱笑了。家很小，她时不时发出的笑声，宛如初夏的玫瑰，香气弥散到角角落落，经久不散。

女儿未出世时，我曾美滋滋幻想，要将她打扮成最炫的小公主。可如今，我却成了她的大洋娃娃。她有无数奇思妙想，只要有机会，就会随心所欲地将妈妈打扮起来。

周末的早晨，我们正在嬉闹，快递员忽然敲门。出现在他面前的我非常时尚：身披床单，手持亮闪闪的魔杖，头发上乱七八糟地扎着一堆蝴蝶结。快递员却很淡定地挥挥手："叫你妈妈出来签字！"我哭笑不得时，女儿从门后闪了出来。她扎着围裙，身穿我的白衬衣，头发全部向后梳过去，颇为严肃地一点头："您好，我就是妈妈！"这个极为绅士的快递员，大概被弄糊涂了。愣了几秒之后，他紧紧咬住嘴唇，强忍住笑，递过单子，用变了调的声音嘱咐道："请不要草签哦！"女儿工整地签上我的名字，郑重地双手奉上："谢谢，您辛苦了！"

快递员背起包，踉踉跄跄地出了门，紧接着，楼道里爆发出一阵狂笑。这笑声，一直响到楼下。我站在窗前，看他大笑着骑上电动车，驶向远方。外面雪很大，风很寒，这样纵情地笑，会让这个年轻人暖和一些吧，他还要赶好多路呢！

这时，小朋友向我招手，要与我分吃一袋橘子味的跳跳糖。我拒绝："不！我想吃彩虹糖！"她狡黠地晃晃小辫："哈！那袋彩虹糖，被我偷偷放在快递大哥哥的包里啦！"她笑道："下雪天吃糖不冷，是你说过的哦！"我笑着，伸手去揪她的小辫，却被小东西轻巧地逃脱了。

糖豆在我的嘴里跳舞，噼啪作响；女儿在我的身边，笑语连连。我知道，这个小城的冬天无比漫长；我知道，明天还要顶风冒雪去上班。可那又有什么关系呢？我有一个小小的屋子，还有一个小小的孩子。即使没有春风，也有花开；没有夏雨，也有彩虹。窗外大雪纷纷扬扬，可窗内，我的玫瑰正香。和你一起，我不怕老去。

第 9 个故事 ▶▶▶

我愿做你低处的阳光

长大，不是独自彷徨走夜路，不是在迷雾中苦撑到崩溃；长大，是懂得分享晴明，也懂得与亲爱的人一起分担突如其来的阴霾。因为，高处有高处的阳光，而低处也有低处的阳光。

那天，我回去得略早，在楼道里就听见儿子的声音：“家长真难教育，当孩子就得有耐心啊！”我捏着钥匙，瞠目结舌。听声音，他在跟同学通电话：“等父皇和母后老了，有了逆反心理就更难引导了。他们会坚信，绿豆治百病，吃茄子可长生不老，五千块钱一只的枕头，能令人返老还童……”我笑到手软，钥匙跌落在地。

门忽然开了，儿子招手：“进来吧！”我坐在沙发上，将脸埋在掌心里，又笑。

结束通话后，这位初中男生感慨道：“果然小孩一思考，大人就发笑呀！”我笑够了，仰起脸问：“像我这样的家长，该如何教育呢？”他笑嘻嘻地回答：“妈妈是家长中的尖子生，应该每天发一朵小红花，再发一支棒棒糖！”我心花怒放，冲过去拥抱他。他后退一步：“可是，野百合也有春天，尖子生也有失误哦！”我又惊又恼，双手交叉，摆出奥特曼与怪兽决战的经典姿势：“代表月亮消灭你！”儿子举起双手大叫：“我请你去公园划船，请你吃冰激凌！”我回嗔作喜，到底给了他一个大大的拥抱。

公园很静。湖水微蓝，照初夏的云，照彼岸的花，也照来了又去的蜻蜓。孩子的眼睛，是静谧湖水，照见幸福，照见温暖，也照见了我从未见过的自己。

1. 我愿做你低处的阳光

儿子告诉我，母亲节前夕，校广播站征稿。同学们笔下的感人故事，如校门口老奶奶篮子里的康乃馨，美丽相似，温馨相似：生日里烹煮佳肴，雨雪时送伞送衣，生病时彻夜守护……儿子说：“这些我也都记得，但我有更多美妙的独家记忆。”

我捏着塑料小勺，边听边偷偷挖他盒子里的冰激凌，果然，比我的滋味要好很多。

“因为贪玩，我掉进泥沟，成了一个淋淋漓漓的兵马俑。我跌跌撞撞，沮丧地敲开家门，妈妈握着炒菜的铲子大笑，赞叹我好帅，要给我拍照留念，还要在我糊着厚厚黄泥的球鞋里种菜。一想到踢球时，鞋子里会飞出黄瓜和番茄，狼狈的兵马俑立刻就笑出了眼泪。

“期中考试，我的语文成绩‘勇夺’年级倒数第三名。本以为天崩地裂，大祸临头，可妈妈竟然没当回事，潇潇洒洒就签了字，还顺手画了个笑脸。结果，老师根本就不相信这是家长干的！

“转到新学校后，第一次在课堂上犯倔，把外教老师的蓝眼珠气成红色。班主任要请家长，同桌说我死定了，要我写遗嘱把所有漫画书留给他。那一刻，我两腿发抖，觉得地球太危险，一定要逃离。可结果呢？老师们爱上了风趣的妈妈，我爱上了外教的口语课，同桌只好用自己的压岁钱去买了一套漫画书……

“这样的故事，真的太多。妈妈的笑声，是我童年里最奇妙的光，它比阳光柔和，比月光明朗。在这样的光里，我可以跑，可以跳，也可以像做梦一样到处飞。那个隔三岔五挂着哭脸回家的小孩，终于成为一个有担当的男生。”

我喉头微哽，咬着小勺问：“为什么还不讲妈妈的不足？”

“马上开始！”儿子抽走已被我咬得扁扁的勺子，温和地说，“这个不能吃！”

他看着我的眼睛：“我长大了，可是妈妈没有。”我讪讪道：“原来，你早就发现我偷吃你的冰激凌了！”他惊愕地看着空掉的盒子，啼笑皆非。

沉默了一会儿，儿子说：“我发现一个秘密，爱笑的妈妈，实际上是个脆弱而骄傲的小女孩。”他顿了顿，继续说：“这半年来，从姥爷患病到去世，你一直表现得坚强而乐观，几乎连我都被你骗过去。”

我的心，似被针扎了一下。我无法忘记，在最后的日子里，我抱着父亲，如同抱一个小小婴儿，我整夜握着他的手，却无法留住他。

“妈妈在白天谈笑风生，可每夜每夜在梦里哭。”儿子凝视我，“一个人，小偷般背负着伤心的大包袱，却不肯分一点点给我拿，太看不起人了！

“你像个骄傲的小孩，只愿做我的太阳。可我更愿意学着妈妈的样子，发出光芒，即使只能发出手机屏幕那样弱的光也行！”

我抬头，清晰地看见，他黑晶晶的瞳仁里，坐着个豆粒大小的我。

“如果难过，不必忍到天黑才哭；如果遇见麻烦，就像别的妈妈一样叹息、唠叨、闹脾气；如果太累，躺在沙发上吆五喝六也没有关系。我做不了妈妈高处的阳光，但我愿意做你低处的阳光……”

我胸口酸热，喉头发哽，低声喝道：“停！给你一分钟时间，你确认不会后悔吗？”

起风了，石子在水底一漾一漾，花树向前探着身子。他清清楚楚地回答：“我确认！”

我笑起来，眼泪肆无忌惮地涌出。我此时才明白：长大，不是独自彷徨走夜路，不是在迷雾中苦撑到崩溃；长大，是懂得分享晴明，也懂得与亲爱的人一起分担突如其来的阴霾。因为，高处有高处的阳光，而低处也有低处的阳光。

2. 孩子的爱，也需要一个宽广的跑道

暑假的第一天，我就扭伤了脚，按部就班的日子突然跳闸。我坐卧不宁，焦躁不堪，平均五秒一次，察看肿胀瘀青是否消退。看天光渐暗，我忧心忡忡，康复的日子，要靠外卖和泡面活命吧？

打篮球的儿子回来了，我以为他会惊慌失措，黯然神伤，陪我一起看伤脚。果然，一切如我所料。不过，在尖叫唏嘘抚摩之后，了解到没伤筋没动骨时，他迅速恢复了平静：“妈妈晚饭想吃什么？我去做！”看他眉梢扬起，语气里竟有几分雀跃。我心里生出小小伤感：看来，我并不重要。

英雄末路的我，被背到厨房，安置在一张椅子上。看他假装娴熟地切西红柿，差点切到手指，然后是手势欢畅地打鸡蛋，蛋壳在碗里，蛋黄落地上。最后，他拿出大厨的样子颠炒勺时，我紧张得尖叫：“别

砸到我的头！”我终于被背到餐桌前，说实话，类似汤面条的糊糊味道很棒，我吃得满头大汗，嚷着再添。饭后，还有一盆温度适中的热水，等着安抚我肿得胖鼓鼓的脚。

整整两周，我过得无比逍遥：要看电视，遥控器会送到手边；要上卫生间，有人殷勤搀扶；要睡觉了，枕头被拍松摆好。

我感慨：“还是生病好啊，有人疼有人爱的！”孩子纠正：“不生病也有人爱呀！只不过，我的爱被你的爱挡住了去路！”

我万分委屈：“我的爱是山大王吗？会劫道还是会下绊马索？”他直言：“比这个还要厉害！”

“在超市，你挑选的都是我爱吃的东西，你收藏夹里都是我爱听的音乐，书柜里摆的都是我喜欢的作家的书。妈妈喜欢什么，是我很长时间都无法探知的奥秘。”我怔怔看着他：十多年来，我视孩子如生命，早已忘记还有一个自己，我花光所有的力气，还唯恐给得不够多。但今天，却被孩子一句话否定。心里，有说不出的茫然。

孩子诚恳地看着我的眼睛：“妈妈的爱，像紫藤萝瀑布，重重叠叠，密密匝匝，开到不留缝隙。妈妈没有看见，我也有鲜花、阳光和新鲜的空气，急切地想送给你，想听到你惊喜的尖叫，想得到你赞赏的拥抱。”

我喃喃道：“可是，我却竖起禁止通行的牌子，我说我不老不病，无须你的照顾。”

儿子说：“你看这些天，我煮面会煳锅，泡菊花茶会烫到手，炒菜不知道该放多少油盐。假如我的爱，一直得不到实习的机会，单单等到爸爸妈妈老了病了，十二道金牌急急宣过来，我肯定会手足无措，节节败退。”我禁不住凝神，想必那时病弱的我，必会怨念丛生，唠叨不止，却不知是哪一环节出了问题。

那天下午，我们谈了很久。我终于知道：真爱一个人，无须全心全意到忘我；真爱一个人，不是化作春泥护花树，而是相邻开花，相视微笑。多年来，我一直以儿子为主角，扮演忠心耿耿的保姆、厨子、护士，我总觉得给予是快乐的，却忘了孩子也需要这份快乐的滋养。

孩子说："我长大一点儿，妈妈就要向后撤退一点儿。我的爱，也需要一个宽广的跑道。"

我明白，这种撤退不是疏离，是深爱。如果父母的爱是紫藤萝瀑布，也要让孩子的爱长成一棵参天大树。

3. 比正确更愉快的事

秋天的黄昏，像早晨一样静好，没有阳光，空气清润如玉。我心平气和，跟孩子谈起他最近的情况：数学考试连连失利，演讲比赛被淘汰，试图加入一个高年级的街舞队被拒……

我颇为惋惜地说："如果你肯听妈妈的话，接受那位数学家教的辅导；如果你当初使用我替你修改过的演讲稿；如果让妈妈先去与街舞队队长的妈妈沟通，这些失败都是可以避免的。"

孩子摇头："不！妈妈，不是这样的！"

他有些激动："从小学至中学，妈妈一直教给我各种经验和技巧，避免错误和失败。小时候觉得妈妈是诸葛亮，可现在越来越觉得，自己像是被一位能干的导游带着，在各个景点迅速奔跑。所有的路径都已标明，所有的奇观都在旅游手册上事先预习过。这样的旅途，不会迷路，不会受苦，可也没有神秘，没有惊喜。很多次，我试着做V字手势，却没有胜利感。"

我极为震撼，说不出话来。窗外，暮色渐酽，如第一道茶，我眼睛微涩。孩子的语气渐渐平静："妈妈可能觉得我固执。家教可以在三分钟内讲清的题目，我花两小时自己解出来，最后还得了一把大红叉；明知演讲稿不完美仍坚持使用；知道会被街舞队拒之门外，却还要去碰一鼻子灰。可还有很多事，我要告诉妈妈。

"虽然错题不断，可数学老师却夸赞我有思想，有潜力。演讲打了低分，我才明白，自己的写作水平欠佳。"说着，他皱皱鼻子，拿出男孩特有的顽皮相，"我又去缠了那些大哥哥很多次，他们仍然不要我，可那位跳得最棒的队长，答应每周教我跳舞！"

"这是真的真的真的吗？"我兴奋至极，与他握手、拥抱。原来，这世上有比正确更愉快的事情。

常常有相熟的家长，称赞我教子有方。他们不知道，孩子们教育家长也很有方。在孩子那里，我学会了如何长大，如何去爱，如何在漫长的人生旅途中，采撷到一朵又一朵惊喜。

第 10 个故事

爱，一直都在

无论何时，我们都会让孩子知道：爸爸妈妈爱聪明懂事的你，也爱懵懂稚拙的你，爱欢笑的你，也爱蹙眉的你，就像你坚定地爱着我们一样。

吃完饭，一家子说说笑笑，散步消食。七岁的女儿笑语盈盈，一会儿叫爸爸听草丛里的虫语，一会儿叫妈妈看远处的落日，可爱得让人心都快融化了。

最近我工作忙，身体也不好。女儿特别懂事，自己梳丑丑的辫子，自己收拾房间，还提醒我按时吃药，临睡前会将小手搁我额上，试探有没有发烧。都是寻常人家，没有大富大贵，这种小儿女的亲昵温存，最叫人心甜意洽。

手机振动，一看是女儿的老师发来的微信，我立刻头皮发麻，两股战战：千万不要是没写作业的事呀！我安慰自己：应该不是的，因为女儿告诉我们，老师这一周都没有留家庭作业，只让看书预习。

点开微信，简直像是迎头吃了一记闷棍：女儿已经一周没写作业了。看来这孩子旧毛病未改，又添了新本事，竟学会说谎了。我气得手足冰凉，觉得花也不香，心也不静，落日也不好看，直嚷着快回家。

进门后，我说了缘由，老公目瞪口呆。女儿反倒很镇定，她借口多多，拒不认错，说自己有时没听见作业，有时忘记了，但今天的作业她说什么也不愿意写。

我几近崩溃，差点要拍桌子，她才呜呜咽咽地打开练习簿，不知受了多少委屈的样子。

说来也真叫人脸红，女儿才上二年级，这种情形在我家已足足上演一年多。为写作业，恨不能一家子蹲地上捧住头哭。作业不多，题目不难，有时只是一点点抄写，明明很快就可以完成，偏要弄到世界末日般凄惶。她喜欢上学，提起老师和同学满面放光，有无限趣事要讲，也爱看书，成绩不好不坏，但就是拒绝写作业。

起初我们也很耐心，大道理中道理小道理，变着法儿地讲，孩子也信誓旦旦，表示以后会改，但好不了三五日就又开始淘气。外公外婆急得去庙里拜菩萨，爷爷奶奶开出高额奖金，但这小丫头不惧神明，不贪金钱，对作业不屑一顾，弄得大家都想报警了。

第二天一早，我们紧急向班主任求助，却意外得知女儿可能没说谎。因为她上课极不专心，不是跟同桌聊天，就是玩橡皮和铅笔，大概真的没有听见作业。

沟通之后，各科老师增加了对女儿的关注，上课鼓励她多多发言，每次完成作业都会得到表扬。女儿明显有了进步，一回来就嚷嚷着要写作业。我们全家举手加额，觉得明月初照人，天地从此宽。

班主任提醒我们别急着庆贺，小朋友反复性强，要培养出良好的学习习惯，还需要时日。她说，班里有六十名学生，情况各异，还有部分同学比女儿更需要关注，所以女儿的“特殊待遇”将要取消了。老公点头道：“人人都要写作业，老师写了开篇，该我们做家长的写续集了。”

提心吊胆地过了一周，我发现果然不出老师所料，女儿渐渐松懈下来，大有故态复萌之势。最近老公出差，我日日严防死守，盯着她完成作业，渐渐心力交瘁。外公外婆不忍心，主动把孩子接过去，由他们看着写作业。

但怎么也没想到，老人疼爱孙辈，孩子又特别会撒娇。一见到小朋友的眼泪，二老立刻投降，外公干脆戴着老花镜亲自上阵，模仿女儿的笔迹代写作业。我啼笑皆非，明白自己的作业还得自己写，为人父母，哪能偷懒？

我接女儿回去，路上淋了雨，一到家就头痛鼻塞，女儿忙着替我拿热水，切橙子，还将电视调到我爱看的频道。我打了个盹，她居然已经写好了作业，拿着本子在我眼前晃啊晃，骄傲得像得胜还朝的花木兰。我顿时头也不疼了，鼻子也通畅了，听着外面哗哗的雨声，享受着女儿的按摩，幸福得像一只阳光下的猫。

我动了心机，第二天一回来就装病，为了逼真，还在头上绑了一条带子，时不时哼唧几声。如果女儿还像昨天那么乖地写作业，我可以一直装下去。没承想被这小孩一眼识破："你平时生病都只吃半碗饭，今天比平时还多吃一碗……"

我大窘，没有演技的骗子，连自己家门都走不出去啊！

幸好老公回来了，我们两个轮流换岗，一下子觉得轻松很多。有一段时间感觉很好，女儿几乎不需要督促了，我们正暗自庆幸，结果风波又起。那天作业不多，是订正试卷上的错题，老师课堂上讲过的。女儿又犯了老毛病，大半天了，本子上还是一片空白。

我心里气恼：为何同事家的孩子个个像定做的那么乖巧，连吃饭都在听英语，偏偏我家姑娘一窍不通，写个作业比人家登月还难。我并没有要求她有多么优秀，但该做的事一定要做呀！

我忍了又忍，还是拍了桌子，在书房玩游戏的老公闻声也赶来助威。

两个大人一起开火，足足训斥了女儿四十分钟。气头上说出的话，碎玻璃碴般四处飞溅，句句刺心。女儿泣不成声，埋头在演算纸上乱画，我们嗓子都哑了，她依然在那里不停地画啊画。

我气到不行，喝令她快快写作业，揪过那叠演算纸，只瞥了一眼就惊呆了，演算纸上写满了稚拙的字：我爱爸爸，也爱妈妈，今天也爱，现在也爱……写了很多遍，就在我们发怒的时候，就在她特别难过的时候。

我们收起怒气，面面相觑。夜很静，能听到星星的呼吸和蔷薇的心跳。我想起少年时读过的《飞鸟集》：面对所爱之人，这世界放下面具，变得很小很小，小得像一首歌，小得像一个永恒的吻。我们是一生一世的亲人，所做的应该是爱她，引导她，教诲她，而不是怨她，恼她，伤害她。

那天晚上，我们向女儿道歉，并告诉孩子：我们也爱你，今天也爱，现在也爱。女儿立刻原谅了我们，笑得像朵向日葵，尤其是改完错题后，乐得要飞起来，完全忘记了刚才的一切。这孩子就是这种性格，伤心如风过树梢，片刻也不停留。

现在，我们改变了策略，不再监工般盯着孩子，而是像同桌般坐在她身边，拿出书本边看边记。女儿好奇地问："大人也要看书吗？你们不是最爱玩游戏吗？"

我心里暗自叫声惭愧，笑着对女儿说："总玩游戏对眼睛和颈椎不好，读书写字才会令人神清气爽。"这小人儿若有所思地瞥我一眼，立刻有样学样地坐端正，认认真真地写起作业来。

日子久了，我与老公都捡起了自己的专业，读书笔记做了厚厚一本，感觉收获颇丰。女儿写完了作业，也不再吵着要玩小游戏了，而是抱一本书，坐我们旁边静静地看。渐渐地，几乎不用我们提醒，她也会主动去写作业。有时，孩子也会贪玩，但我们一招呼，她立刻就吐吐舌头跑过来。

不知不觉到了期中考试，女儿获得一个"学习进步奖"。家长会上，老师表扬女儿，说她现在上课很专心。展览优秀作业时，我们看到了女儿的练习簿，那块横亘在众人心上的巨石，已经春雪般融化。

我知道，在孩子成长的路上，还会不断地出现新的问题。但无论何时，我们都会让孩子知道：爸爸妈妈爱聪明懂事的你，也爱懵懂稚拙的你，爱欢笑的你，也爱蹙眉的你，就像你坚定地爱着我们一样。

第 11 个故事 ▶▶▶

不要让孩子倒着生长

每只丑小鸭都得靠自己的努力，才可以变成白天鹅。如果学大人利用关系就可摆平一切，谁还肯老老实实做小孩呢？

女儿每天回来的第一件事，就是迫不及待地跟我讲班里的事情。这样的时光，安静，美好，像入夜的第一盏灯。

“妈妈，我们班长说，他老爸是卖牛奶的，可脾气特倔，从来不给奶牛喂激素。”

“今天我同桌说，将来要挣很多钱，让他的妈妈给自己买营养品时，就像给他买一样大方！”

“班里要排练课本剧，准备在家长会演出呢！我演主角，就是那只后来变成白天鹅的丑小鸭哦！”

可是，自从新转来的罗罗成了她的同桌后，女儿的每日播报里，迷惑与烦恼日渐增多。

“妈妈，罗罗说，她爸爸妈妈是很有办法的人，跟校长吃过饭。”

“罗罗要抄我的作业，还说如果考试也给抄的话，会送我巧克力。”

“罗罗想演丑小鸭，她说，只要她妈妈一个电话，老师马上就会换人！”

我有些诧异，去学校时，我见过那小女孩：聪明活泼，乖巧有礼，怎么看都不是个娇纵的孩子，怎么会这样说话行事呢？我拥着女儿，劝她不要忧心：“每只丑小鸭都得靠自己的努力，才可以变成白天鹅，不是凭谁的一个电话就能变的。”女儿看着我，信任地点点头，眼睛又亮起来。

话虽如此，我仍心有隐忧。直至家长会上，看到主角仍是女儿时，这一颗心才算落回原处。她演得很投入，当那只卑微的小鸭子历经磨难，终于蜕变成光彩照人的白天鹅时，众家长热烈鼓掌。可奇怪的是，罗罗的家长从始至终都没有出现过。

就在第二天，我竟然接到了这对父母的邀请。他们极为诚恳地说，在孩子的教育上，遇到了非常棘手的问题，班主任建议找我谈谈，取取经。于是，便有了这次三人会面。

罗爸爸沉稳内敛，罗妈妈精明干练，但他们不约而同发出的叹息，却显得忧心忡忡。我也有些忐忑，怕自己辜负了众人的期待。沟通的时候，因为事关孩子，没有人客套绕圈子，大家都非常直白坦率。

罗家父母确实很有办法，从幼儿园至小学，基本能托到关系照顾宝贝女儿。

罗罗的座位靠前，课堂上备受关注，得到诸多表扬。这使得孩子开朗自信，成绩优秀，领到哪里都觉得风光无限。最让这对夫妻得意的是，女儿聪明机灵，最擅应变，嘴巴极甜，无论是他们的上司还是同事，提起这小精灵无不啧啧称奇。

说到这里，夫妻俩脸上不禁露出微笑，可很快，眉头又齐齐皱起。

大约在十岁以后，情况急转直下，罗罗如同吃错药一般，不仅成绩下滑，性格也变得暴躁。父母又惊又急，权衡利弊，决定先顾成绩要紧。于是家教一窝蜂地上，各科齐补，却越补越糊涂。面对糟糕的分数，罗罗噘起小嘴，振振有词，怪老师水平差，没有责任心；怪班里纪律差，同学爱说话；甚至怪黑板反光，看不清板书。总之一切都很糟，非得转学不可。这一转就上了瘾，几乎每学期都闹着要换学校，爸爸妈妈马不停蹄地跑，几乎动用了所有关系。

见我面露惊骇，罗爸爸补充道，如此辛苦，也没忘了对孩子品质的培养，各类心灵鸡汤，小故事大道理的书籍塞满书柜，由爷爷奶奶督促她读。全家人忙得不亦乐乎，希望能找回从前那个可爱女孩。罗妈妈苦笑："现在不仅成绩没上去，还学会了抄作业，考试作弊，甚至撒谎说学校取消了家长会！

"昨晚，当我们一一揭穿这些谎言时，她突然哭喊，小孩的错全是大人的错……"罗妈妈迟疑了一下，接着说，"她莫名其妙地质问我们，为何从不告诉自己的孩子，每只丑小鸭都得靠自己的努力，才可以变成白天鹅。"

听到这里，我忽地一震。

罗妈妈无奈地长叹："我们能做的全都做到了，如今一点办法都没有了！"这一对父母殷切地恳求："请告诉我们，如何拯救这个可怕的孩子？"

其实，最要紧的是先拯救大人。我思索片刻，下决心开口："罗罗并没有吃错药，她的问题就在于你们太有办法了！

"在你们的帮助下，孩子误入了一个魔幻般颠倒的世界：天天比别的小朋友多领一枚餐前水果，无须竞争即可成为领舞，轻易拿到小红花……这种种'幸运'让孩子误以为，这世上有许多规则不必遵循，有许多东西不必努力就可得到。如果学大人利用关系就可摆平一切，谁还肯老老实实做小孩呢？"

罗家父母的脸色，瞬间惨白。我有些不忍，可手术刀已划开病体，犹豫是更残忍的事。

我继续说："那些读本里的心灵鸡汤，抵不过现实的风寒。她相信人生有捷径，却又不断在校园里碰壁……"

罗妈妈讪讪插言:“或许，她长大后会更快地适应这社会……”

我回答:“问题是她此时并未长大，且不说她长大后的社会是怎样的，就在当前这重重矛盾无限困惑之中，你叫她如何长大？”

罗爸爸默默点头。

父母总想令孩子要风得风，要雨得雨，而未来未必有你想吹的风、想淋的雨。

所有的植物都有向光性、向水性、向地性，根向下生，叶向上长。而在大人的好心“帮助”下，孩子的认知世界受到破坏，你让她倒着生长，又如何能怪她抄袭、作弊、撒谎呢?

我诚恳地建议:“无论如何，请教会孩子吃苦耐劳、老实做人，并遵守秩序。”

第 12 个故事

不乖的小孩藏着糖

乖与不乖，都是孩子天性中的一部分。无论何时，请别失去耐心。要知道：岁月长，天地宽，我们身边的这个小孩，藏着世间最甜的糖。

妈妈说，每个小孩都有一罐糖。乖时，糖果就在手心，一颦一笑都是蜜糖；不乖时，糖罐会被藏起，父母须有慧眼慧心，才能帮他找回。

现在，我的儿子雨水非常不乖。他一定不许妈妈上班，要分分秒秒在一起。对于妈妈温柔讲故事的录音，爸爸扮猴子的搞笑视频，奶奶打来的长途电话……通通都不买账。就像青豆顽固地要待在荚里，白胖子花生非赖在麻房子里，雨水不屈不挠地要的是一整个怀抱，而不是打了折扣的声音和影像。他抗议的方式是最原始的撒泼打滚，尖叫哀号，我被这气势彻底吓傻，惊骇于他小小身体何以爆发出这样巨大的能量，而且持续良久。

闹得多了，我几近崩溃，向妈妈抱怨孩子不乖，苦不堪言。又羡慕同事命好，生的宝宝乖顺温和，事事都好商量。

妈妈说：你小时候体弱，一年里有大半年要打针吃药，直到上高中才好转。那十多年里，我们从未羡慕过邻居家孩子的健壮，只喜爱你的坚强和勇敢，因为小孩子生病是常事。

我的脑子轰然一声，如梦方醒：对小孩子而言，不愿离开妈妈更是常事啊！

心念一转，渐渐平和。火山再爆发时，我不再绝望到想逃跑，焦躁到想揍人，如果拥抱和亲吻都无法使孩子平静，就干脆让他哭闹。我甚至悄悄拿起手机，从各个角度拍摄。工作间歇时，想念雨水时，一遍遍回放视频，乐不可支。我不过是个最普通的妈妈，这世上却有一个小人，对我的依恋简直是拿性命相见，兵气十足，真是莫大的荣耀。此时的我，享受喜悦与满足，也接受吵闹与任性，我终于找到了被藏起的糖。

随着心智渐长，那惊心动魄的“不乖”愈来愈少，这位坏脾气的小哥，渐渐露出温和底色。他已能平静地接受离别，甚至在妈妈假装生气或哭泣时，他会将肉嘟嘟的小脸贴上来抚慰。日子像阳光溅在水仙花蕊上，又暖又香，就算真的遇见烦心事，也有足够的底气去承担。

我以为我已经找到了整罐糖，殊不知，那个名为“不乖”的飓风，又改头换面强势登陆了。起因是一台 iPad，说来也怪，搁在那里半年了，雨水拿它垫过脚，枕过头，偶尔用来自拍或玩玩小游戏，并不上瘾。忽一日福至心灵，他独自下载了一部动画片，便以光速钻进了那个 9.7 英寸的世界。

从此，iPad 成为这小孩身体的一部分。如果我试图拿开或藏起，他便会尖叫哭泣，如引发海啸。无论我们如何讲述沉迷网络的危害，眼睛和颈椎多么重要，都得不到孩子的任何回应。他关闭听觉和视觉，独自飘浮在遥远的星系，所有爱的电波都被屏蔽。

面对这次升级版的“不乖”，我们手足无措。两个大人面面相觑，像怎么努力也得不到糖果的小孩，彼此以眼神慰藉对方：勿嗔，勿恼，办法总会有的。

五月休假时，我们一家三口开车去看外公外婆。路上，油菜花像落了一场金灿灿的大雪，蝴蝶敛起翅膀来搭车，羊群在水草丰美之处吃着自助餐……我惊喜地叫雨水看，他开始还敷衍两眼，后来索性塞上耳机，全心全意沉入剧情。我差点大发雷霆，自己默默数到一百二十，才平静下来。

我们下午才赶到，事先没有打电话，是怕老人兴师动众地张罗晚饭。现在可好，家门锁着，门前石榴花开着，后园的稻草人穿着破褂子晒太阳。邻居说，二老去邻村吃满月酒，可能快回来了。

我从门框上边摸出钥匙，打开屋门，雨水急奔进去给电脑充电，令我心里非常不快。就这一会儿工夫，滚滚黑尘自西北而来，沙石俱舞，天忽然黑下来，大树嘎吱嘎吱乱叫，山羊把脑袋扎在墙角里，猫溜回来在灶边蜷好。

停电了，一片昏黑，雨水吵着要回家。我没找到蜡烛，便用小茶碗、菜籽油和细棉绳做了盏油灯。淡黄的光，将人和家具的影子打出来，温柔可亲。雨水崇拜得蹲在地上抱住我的脚，仿佛是我创造了光。风拍门捶窗，他兴致勃勃地唱："不开不开就不开，外婆没回来……"这时候的他很乖，完全忘记了那台电脑，我暗自开心，感谢着这场沙尘暴。

不久，外婆和外公回来了，看见我们高兴得直跳脚，身上的土簌簌往下落，像一对泥娃娃。

黄风怪两天后才撤退，天晴之后，连乌鸦的叫声都变得好听。炊烟柔和，邻居的小孩在门口写字：大、小、人、口、手……雨水的iPad吸引了外公外婆，在雨水的建议下，他们开通了Wi-Fi，看宫崎骏，看华特·迪斯尼。两个覆满冰雪的脑袋从早到晚凑在电脑前：牛不喂了，豆角不摘了，有人来串门也倚老卖老地支使我去应对，真是耕者忘其犁，锄者忘其锄，简直痴迷成五岁孩子的模样。我的心沉了下去，这下可好，雨水有了"不乖"的榜样，更不知要怎样"嚣张"了。

但事情却发生了奇异的变化，长辈沉迷网络，在我们的请求下，年幼的雨水竟然接过了家庭的重担：铲鸡屎、捡鸡蛋、扫院子……忙得不亦乐乎。他还配合爸爸负责家畜们的一日三餐，小朋友身边动辄簇拥着两只狗、一头牛犊、十几只鸡，出门时威风凛凛，比唐僧师徒四人神气多了。菜叶子上有条难看的大青虫，立即召唤下属芦花鸡来灭了它，只有小山羊不畏权贵，猛窜过来把他顶了个屁股朝天，他不恼，反而给小羊喂了青草，然后去园子里摘豆角。

我在心里默默计算，他已经多少小时没有玩电脑了。此时的我喜忧参半，就怕孩子一回家会故态复萌，将这颗糖收回，叫我陷入困窘。

下午，雨水教外公下载影片时，表现得极其没有耐心，以脚蹬墙，用手掌拍打床沿，又新添了“不乖”的技能。我瞠目结舌，过去劝说了好一阵，他才收敛脾气。面对严师，二老勤学苦练，不敢再做丝毫推托，我手把手教了他们好几年没教会的发短信和视频聊天，竟然被小老师攻克了，这结局真令我啼笑皆非。

返家途中，雨水一直兴致勃勃，隔窗观望，来时漏掉的好景致全在归途补上，他并未错过什么。我一摸包，iPad 居然不在，明明记得带上了呀！雨水说，他藏在外公的枕头底下了。见我惊愕，孩子解释道：“外公和外婆说，他们小时候从来没有看过动画片。还有，我从来没见过头发都白了的人，还那么喜欢动画片，所以想留给他们。”

顿时，我心里百味俱生：父母这一代人，生长于物资极度匮乏的时代，他们历经忧患的肉身虽结出硬壳，炼成铁石，但内心却像个惶恐的孩子，未敢稍享安乐。这一次，在这个善良小孩的帮助下，他们在暮年时光，欣欣然拿回了儿时欠缺的糖。

到此时，我才明白，雨水为何会那样急躁地督促外公和外婆学习。原来，在他的娇纵下面，包裹着一颗多汁的甜心。别小看这点甜，简直能让外公外婆返老还童呢！

乖与不乖，都是孩子天性中的一部分。无论何时，请别失去耐心。要知道：岁月长，天地宽，我们身边的这个小孩，藏着世间最甜的糖。

第 13 个故事 ▶▶▶

愈爱愈明白

《麦田守望者》里的霍尔顿说，他将来要当一名守望者，守望几千几万个在麦田里玩耍的小孩，不让他们往悬崖边来。而我们，要有一颗愈爱愈明白的心，才能守望一个少年的青春吧！

岁月走到这里，忽然就开始抽筋。昨天，你在儿子眼里，还是女版的哆啦A梦、钢铁侠以及诸葛亮；而今日，你就成了平庸专制爱唠叨的家长。他再不会痴信你说的每句话，也不会为找不到你而号啕大哭。他高你一个半头，青春正好，神采飞扬。这风一样洒脱的年纪，不知多讨厌藩篱，所有规矩都可笑，所有观点都老旧。他不断地怀疑思考并否定，才不管上帝发不发笑，妈妈发不发飙。长大了，谁还肯做乖孩子讨你欢心！

好在，我处变不惊。

他嘲笑微雕是变态艺术，说二胡只配演奏哀乐，马尔克斯一文不值，那些叫什么斯基的俄国作家，通通应该去开出租车……我欣赏这股锐气，我年少时比这小子还蠢。不过，美好事物永远折射慈悲之光，终会教人明白真相。至少，他看过听过想过，哪怕浅尝辄止。

他抨击高考，针砭时弊，最后，谈到沉重课业以及德育处下周一要检查头发时，更是言辞犀利，情绪激昂。我静静倾听，并无异议。

接下来，他怪我管头管脚，令他喘不过气来。至此，枪口终于转向我。我可以气得跳起来，暴喝他无知，嘲笑他浅薄，甚至可以冷战两三天不睬他。但我和颜悦色，表示会还他自由。别笑我容易妥协，你看托塔天王够厉害吧，在教子上却太糊涂，一味严厉，弄得小哪吒剔骨剜肠，还于父母。最悲剧的是，千百年来这孩子再也没有长大过。

好吧，不就是不操心嘛，这是我特长！周末晚上，网游孩子欢乐多。那少年剑客，左手键盘，右手鼠标，驾驭狂狮，快意恩仇，直杀得屏幕变色，忘了今夕何夕。这边厢，我听着广播，随意伸展四肢，并跟着音乐唱：“我要爱我所爱，为我自己存在，我是愈爱愈勇敢……”其实，我本想提醒他去理发的，最后还是忍住了。附近有三所大型学校，常常不约而同地检查头发。明日下午，所有理发店将会被大批学生占领，那情形堪比春运。现在是傍晚，客人稀少，是理发的黄金时段。但我要兑现诺言，不再管头管脚，何况他此时激战正酣，什么也听不进去。

所以，小小屋檐下，谁也不干涉谁，百姓点灯，州官放火，其乐融融。夜半，我听到了关机音乐，时间是凌晨三点。我暗自点头：自制力不错，还以为会玩通宵呢！

第二天，我一个人吃早餐，一个人打篮球，一个人大扫除，我的忠实伙伴睡得像一块木头。高中生作业像大礼包，分量十足，我至少应该叫他起来写作业的，但我没叫。我准备午饭时，木头醒了，东游西转，三步一低头，五步一徘徊，搜查饭锅，猛摇饼干桶，将头扎进冰箱深处。我慈祥告知，能吃的我都吃光了，只能等午饭。他无可奈何地点头，一按遥控器，打开了青春偶像剧，看得津津有味。

我不生气，也不心焦，边炒菜边唱歌：“我不害怕落后那些幸福的人多少年，我会慢慢寻找心里的完美。”有些事，需要慢慢解决，雷厉风行只能造就一场灾害，我想我是明白的。

午饭后，他终于搬出大堆作业，开始猛写。我心里喝彩：良好习惯不是一日能破坏掉的！但又颇为遗憾，他实在不该写作业的。此时正值午休，是理发的最后一个好时机。为遵守约定，我还是一言不发，不督促，不暗示，静静做自己的事。夕阳渐淡时，他跳起来，惊叫着怎么忘了理发，接着就像被火烧到屁股一样蹿了出去。我站在窗前微笑：他忘记拿钱了。

五分钟后，我也到了那个“剪发一条街”，站在路边，我看到了意料中的剧情。儿子仓皇地小跑着，从他最爱的理发店冲出来，进了次爱的理发店，几分钟后，又气急败坏地跑进了他从未去过的那家店。这孩子来回狂奔，竟一点也没发现看热闹的我。最后，他来到那家曾将他头发剪坏的发屋，急得声音都哑了：“我要等多久可以理上？”理发师大声回答：“你别等了，我只有一个人在忙，还有几位女士要染发烫发呢！”儿子沮丧地站着，面前拖着个长长的影子。我缓缓走过来。他看到我，大喜：“妈妈，妈妈，你可来了！”他拉住我的袖子，唠唠叨叨诉说，仿佛五岁孩童般无助。

或许，你以为我会趁此良机摆出先知面孔当头棒喝，批他昨夜晚睡，今晨迟起，先游戏后作业，不会安排时间，令他羞耻懊恼，方才痛快。可我才不会犯傻，我若这样做，轻则令他今后再也不会向我求助，宁可相信网上的陌生人，重则激发逆反心理，索性让事情糟糕到底，才不顾什么后果。那些父母与子女之间横亘的冰川，不是一日之寒造成的。

所以，我救人于水火，给他出谋划策：“打车去市中心的‘非主流’发艺店去剪！”他连连摇头：“价钱贵就不说了，那样慢，哪里是剪头发，是在头发上雕刻唐诗呢！”我又建议：“去你们学校旁边那家小店吧，三分钟完工，够快！”他举双手投降：“杀了我也不去，那理发师傅从前是剪羊毛的！”他又哀叹：“我还有好多作业呢，干脆妈妈替我剪算了！”我惊骇得笑起来，我连羊毛都没剪过呢！

我只得打电话向朋友求助，她很快给我联系到一位退休的理发师，就住附近，可以去他家理。我带儿子过去，那位师傅老态龙钟，手却极利落。我第一次见到修剪得这样好看的短发，儿子更是高兴，再三感谢老人。下了楼，儿子又对我深深一鞠躬："多谢出手相救，下周大扫除我一个人搞。"你看，他多懂事。

这个晚上，他写作业至凌晨三点，困倦到几次用冷水浇脸。

第二天，他告诉我："头发过关了，单词测试未过关，地理作业忘记做，除数学得A外，其余得B甚至C。"说完后，他沉默很久。我诚恳地问："我能帮你做什么？还像过去一样做你的管家吗？"他摇头，很自信地说："我会学着自己安排时间的，你不用操心。"

在经历了一些类似的波折之后，他终于学会了自己管理时间。

《麦田守望者》里的霍尔顿说，他将来要当一名守望者，守望几千几万个在麦田里玩耍的小孩，不让他们往悬崖边来。而我们，要有一颗愈爱愈明白的心，才能守望一个少年的青春吧！

第三章

孩子不是父母的包袱，他们是一所学校。

陪着孩子成长，我们可以收获很多。

Chapter 3

陪你一起成长

第 14 个故事

陪你一起成长

在陪伴女儿成长的日子里，我终于知道，没有小孩会长那么快。
无论是当父亲还是当老师，都必须拥有耐心、爱与坚持。

在女儿出生之前，我是个不会笑的人。我是个数学老师，面对叽叽喳喳的小学生，面对不尽如人意的成绩，整天焦躁又烦恼。

可学生根本不领情，他们纷纷在校园网站留言：我们想要个年轻的大哥哥来教数学，不是现在的大叔！我压住火回复：我是数学组第二年轻的老师，不是什么大叔。还有学生写道：数学老师上课为什么不笑？我叹息着回复：数学是一门严肃的学科，它不同于相声小品、评书笑话，不需要笑。甚至，有小男生写道：我是班里的笑话大王，明天课间要去给数学老师讲个笑话，老师应该会笑吧，哈哈哈！这位笑话大王的数学成绩叫人头痛，居然还敢来找我。我气冲冲地敲击着键盘：有空多练习几道数学题吧，练习册第十七至二十页。

自此，再无人给我留言，但一切照旧糟糕，我的苦瓜脸越拉越长。

如今，我女儿三岁了，我不仅学会了笑，还带着学生一起笑。上数学课时，无论讲鸡兔同笼，还是甲乙合作，只要我一开口，学生准会乐得小脸生花，笑声像金色蝴蝶飞到窗外。这群爱上了数学的小朋友，也顺便爱上了我。

女儿一出生，医生就告诉我："恭喜你，是个女儿！"我这位新爸爸的脑子还没转过来，傻里傻气地惊叫道："什么叫女儿子？难道不是男儿子？"产房内外，一片欢笑，我也忍不住笑了。

我一直以为那个叫我爸爸的人，百分之百是男孩。我早已想好，要带他玩遍男孩必玩的游戏：爬树、游泳、轮滑、一定要让他学会男人必会的技能：修马桶、弹吉他、卤牛肉。我从未想到，护士交到我手里的，会是一个粉团团的小女婴。我更未想到，在以后的日子里，这小女孩让我懂得，无论是当父亲还是当老师，都必须拥有耐心、爱与坚持。

现在想起来还觉得是奇迹，当时，她只那么娇嗲嗲哭了两声，就征服了我整颗心。我不由自主地微笑，有些忐忑地说："嗨，你好！"女儿像是累了，张开柔软的小嘴巴，打了个哈欠。

那一晚，我激动得像中了大彩，拼命地打电话发短信，向天下昭告：哈哈，我女儿竟然会打哈欠！哈哈，我女儿还会打喷嚏！我女儿有十个手指，十个脚趾，漂亮极了！哈哈哈哈……

如果不是凌晨三点，我一定会跑到走廊里载歌载舞，拥抱每个陌生人。

妻子惊诧道："你几时学会笑的？"我得意扬扬："女儿是个好老师，她一落地就教会我笑！"妻反驳："她明明是先哭的好吗？"我美滋滋地回味："那是多么美妙的歌声呀，你们偏要说是哭。"

去上班时，整个办公室沸腾，同事们纷纷惊叹我的转变。我满面春风地踏进班里，很白痴地向小不点儿们宣布："昨天晚上，我生了一个女儿！"小家伙们尖叫鼓掌，那个笑话大王笑得从椅子上掉下来。第一次，我以欣赏的目光看着他们：多可爱的小孩儿啊！我的女儿，也会很快长大，也会梳小辫儿，穿樱花色校服，笑得像春天早晨的月亮。

在陪伴女儿成长的日子里，我终于知道，没有小孩会长那么快。做父亲的我，开始审视那个做老师的我。

我在空间日志里写道：宝宝第一个月一直在忙着睡觉，三个月才会伸出小手好奇地揪人的耳朵，五个半月才会咿咿呀呀学讲话。小孩子的成长是一件很慢的事，可我从前那么焦躁，老是怪学生不开窍，进步太慢。如果所有孩子生下来就是神童，还要老师做什么？

带孩子不容易，今天感冒发烧，明天腹泻，各种状况迭出。妻子身体不好，我忙得焦头烂额。妻取笑我："这一个爸哪够用啊，至少得三个才行！"有时，我整夜不睡，给女儿喂水喂药，半小时量一次体温。天一亮，又赶着去上班，未免满面憔悴。有实习老师好奇地问我："小孩子怎么那么爱病呢？"我笑道："这是正常现象，婴儿免疫力弱，不生病怎么会长强壮呢？"

说到这里，我的心一动：小学生的粗心、贪玩、做小动作，不也很正常吗？可我却常常大发雷霆，罚写检讨，请家长，哪里还像个老师呢？

正说着，铃声响了。这一节是课堂练习，很多同学表现不佳，尤其是那个笑话大王，上黑板连着做错三道题。全班气氛顿时紧张，笑话大王吓得几乎要哭出来。他小声央求："老师别给我爸打电话，他会让我转学的！"我温和地告诉大王，没有人要告诉他爸爸。

我对大家说："上周，我女儿忽然学会说数字一，她妈妈高兴极了，继续教她说二，她很快学会了。现在无论你伸出几个指头，她永远会兴高采烈地喊：二！你看，她连一都忘记了，只会说二。"全班大笑。我说："学会的东西能忘掉，也能再学会，没什么大不了！"

孩子们边鼓掌边笑，笑话大王笑得最开心，眼睛却是湿漉漉的。下课后，他叠了一个很漂亮的纸飞机，托我带回去给那个只会说"二"的小妹妹。那一瞬，我嗓子有点哽咽。

女儿在学走路，她摇摇摆摆，不停跌倒，哭完了又爬起来。我一直在为她加油，为她鼓掌。这次期中考试，我们班也跌了跟头。我没有发火，只是用心地研究每个学生，精心设计每节课，不停地为孩子们加油。

天渐渐冷了，女儿已经穿上了可爱的花棉袄，明明会走路了，可动不动撒娇地一伸手："爸爸抱抱！"每次，我都学她的样子，伸开手卖萌："宝宝抱抱！"豆粒大的女儿，真的抱住我的腿，使出所有力气想把我抱起来，一家人笑得前仰后合。

在学校里我也很快乐，笑话大王一有空就跑来给我讲笑话，数学组的老师都喜欢上了这个开朗的小家伙。他对数学越来越有兴趣，而我对他越来越有信心。

快放寒假的时候，笑话大王又来了，默默站在我身边，不说话。我边忙着填写学生手册，边开玩笑地问：“大王，你今天不给臣讲笑话了吗？”他哽咽道：“老师，我爸爸来给我办转学手续了。”我惊诧地抬起头，大王的爸爸正对我点头微笑。

我停下手中的工作，坦率地对他说：“几个月来，孩子一直在担心转学的事情，他不想走。”大王的爸爸解释道：“我和他妈妈工作都很忙，没有时间照料孩子，才决定把他送到全寄宿学校的。”

我请这位家长坐下来，拿出最好的茶叶泡了两杯茶。我打开电脑，点开有关笑话大王的文件夹，给他看孩子这一学期的苦恼和欢乐、这一学期的努力和进步。

在这些文字和图片面前，这位父亲极为震撼，他歉疚地说：“我以为老师已经放弃了这个成绩差的孩子，因为你一学期都没有请家长了。”我笑起来：“因为我已经学会了怎样当一个好老师。”

我真诚地告诉他：孩子不是父母的包袱，他们是一所学校。陪着孩子成长，我们可以收获很多。

我打开自己的空间，给他看女儿带给我的启迪和改变，他看得很认真，也很感动。这个早晨，我们谈了很久。最后，他决定把儿子留下来。

笑话大王哭了又笑了，他抱住我，拼命地想把我举起来，就像我女儿做的那样。他爸爸忽然出手帮忙，一下子把我举了起来，三个人笑成一团。两位岁数相加将近七十岁的爸爸，像是回到了单纯而幸福的七岁。

第 15 个故事 ▶▶▶

亲爱的小孩

很多时候，大人才是真正的小孩。在无坚不摧的青铜面具背后，常常隐藏着茫然、惶惑与疲惫。当那只离你最近的小手，蓦然掀开面具时，阳光流过脸颊，汩汩有声，眉目温存。

1. 哄妈妈开心的小孩

出了幼儿园，我牵着女儿，一路沉默。她叽叽喳喳，讲着今天的新鲜事。说到吃午餐，有小朋友将头埋在米饭碗里睡着时，女儿笑倒在我身上。我应付着嘿嘿几声，孩子仰起头：“你不开心吧？”我微微一愣，立即否认。她凝视着我：“可是，你的手在生气，脚在生气，声音也在生气……”小孩子的眼睛真干净，一粒尘埃也看得分明。

我哪里能够开心呢？点灯熬油做出的文案被要求一改再改，改到颈椎僵硬，手指抽筋，最后仍被否决。作为大人，我不能放声大哭，不能满地打滚，只能默默接受，优雅微笑，假装天蓝云白，风轻日暖。一想到晚上还要加班再改，又思路全无，我的胸口就堵成了车流量高峰期的车道。

黄昏的路上，人来人往。这小孩俯在我耳边，细声细气地怂恿：“嘿！你想哭就哭呗，我带着手帕呢！”那块手帕，只有我手掌那么大，上面印着个无所不能的美猴王。那熟悉的婴儿皂的香味，令我的鼻子一酸。可谁好意思在大马路上落泪呢，万一有人围观多尴尬！小朋友却不管，兴致勃勃将我拉到树底下：“哭有好多种方法，很好玩，我教给你吧！”我惊得说不出话来，她笑盈盈地拍起手，唱道：“来呀，跟着我，请你像我这样做！”我偷眼看四周并无熟人，便含含糊糊哼道：“我……就像你……这样做……”

这小老师是吴承恩先生的忠实粉丝，她独创的“西游哭法”惊世骇俗：八戒饿哭、唐僧吓哭、猴哥气哭……八戒鼓着腮，边吮手指边抽泣；唐僧连连后退，摇头晃脑地哽咽。最滑稽的是孙大圣：哭起来居然眉开眼笑，蹦蹦跳跳，左手搭在额前，右手还要在身后一揪一揪，时不时拉出尾巴来擦眼泪。这样神奇的哭法，真叫我大开眼界。惊叹之余，我唧唧哝哝，小声抗议：“悟空又不是松鼠，猴尾巴哪有那么大！”她瞪我一眼：“猴哥会七十二变呀！”我立刻闭嘴，乖乖跟着比画。做到小妖被唐僧肉馋哭的动作时，我假装掩面哭泣，却笑得踉踉跄跄，几乎要跌在地上。

她用力拖我起来：“现在，我们来玩‘笑’的游戏！”她教我舞动双臂，学参天大树在风里哈哈大笑；她教我蹲下来，学小草小声咯咯地笑；她教我逆着风，像蝴蝶一样边飞边嘻嘻地笑……她的笑声，像鼠标箭头，连连点击着我遍布整个身心的烦恼，所到之处，冰消雪融，鸟鸣花开。我的身心彻底放松，像个孩子般尽情投入游戏。旁边，一位散步的孕妇停下来，拉拉丈夫的胳膊，羡慕地说：“你看那个妈妈，多会哄孩子开心哪！”我冲她做个鬼脸，几乎想大声喊：“你猜错啦，现在是孩子在哄妈妈开心呢！”

我们边跑边笑，笑到喘不过气来，笑到眼泪流出来。像大风刮走尘埃，像星光洗净天际，像电池充电到满格，我心里一片晴明。时光那么艳，大路那么宽，我怎会卡在牛角尖里出不来！

第二天，我忐忑交上的文案，获得了最多的喝彩。

2. 我愿意陪伴你，走上回家的路

周末的傍晚，女儿有些发热。神态倦倦的她，爬到床上，钻进毛巾被，轻轻拍着自己。我扑哧笑出声，上床陪她躺着。过了一会儿，两人轮流扮“大人”和“小孩”，玩有奖问答游戏。我演“大人”很老练，问的全是“小孩”的冷暖饥饱、喜怒哀乐、学习玩耍；奖品也无甚新意，无非是拥抱、亲吻、鼓掌。轮到女儿扮“大人”时，她结结巴巴，提问却富有挑战性：“你最近为什么老送我去姨妈家？为什么穿上了不喜欢穿的高跟鞋？为什么要学打牌……”她学着我的口吻问：“聪明的小孩，为什么你不让我看清楚？”

我耳朵烧红，像个真正的孩子，期期艾艾，答不出来。本来，我是个崇尚简单生活的人，专注工作，不问其他。偶见别人长袖善舞，不禁心生羡慕，自认为不呆不傻，虽不能如凤姐八面玲珑，也可学宝钗左右逢源。可一触此网，即被电晕，方知此间学问博大精深。想退出，又怕被人笑话，在两难中挣扎，宛如陷入一场盘桓不去的高烧。

我害羞地将这些尴尬的心事说给她听，只几分钟，她就张开粉嘟嘟的唇，打了个小哈欠。她不懂，她倦了，可温软的小手却一直抓着我的手，示意我说下去。夏虫唧唧哝哝，夜风穿窗过户，她的眼神清澈如荷花下的水，洗濯着我的纠结。

电话铃警报一般响起，我触电般伸手接起。听筒里，是一片歌舞喧笑声，同事“人脉王”召唤：“快来呀，大家一起唱歌打牌……”这正是我期盼已久的邀约呀！我的心立刻生了翅膀，来不及地穿衣穿鞋，又匆匆送女儿去姨妈家。赶得太急，我的鞋跟卡在路面砖缝里，断了。要不是女儿扶着，恐怕还要向陌生路人行跪拜大礼。顿时，我的兴奋变成了沮丧。这双精致的水晶鞋，鞋面如玫瑰花苞，鞋跟纤细如玫瑰花刺。当初，眼热别人穿得风情万种，一口气买了两双。忍痛穿起来，原指望它能为我开运加分，谁承想竟当街令我难堪。

小朋友看看我，迅速脱下自己的鞋子，提在手里，笑嘻嘻地建议："我们光脚走回去吧！"也只能这样了，我将两只鞋都塞进了路边的垃圾箱，跟着孩子，忐忑地向前走。出乎意料的是，擦肩而过的行人们，无人诧异，也无人嘲笑。这个世界，远比我们想象的要简单可爱。许多难以逾越的藩篱，常常是我们自己亲手搭建的。女儿眼尖，发现前面有个小小的鞋摊，银发的老奶奶正在纳鞋底。我们买了两双针脚绵密的布鞋，嘻嘻哈哈地套上，惬意地回家。

我们坐在楼下的秋千上，轻声唱那首老歌："亲爱的小孩，快快擦干你的泪珠，我愿意陪伴你，走上回家的路……"月亮很大，像白凤凰，夏风轻如羽毛，远处的高楼上，有隐隐的钢琴声。我仿佛回到小时候：踩着满地青草，裙子里兜着才熟的蔬果，肆意地叫喊嬉闹。

手机铃声骤然响起，女儿一惊，大眼睛定定地看住我。我忽地想起那场让我充满热望的约会，那些犹在耳畔的热闹喧笑。果然，电话那头，"人脉王"大声催促："快点呀！怎么还没到？"我顿了顿，握握女儿的手，抱歉地回答："真对不起，我有重要的事，不能去啦！"女儿向前一荡秋千，发出一声欢叫。

我摸摸孩子的额头：不知何时，她的烧已经退了。而我那场莫名的高热，也自然而然地退了。我笑吟吟地携着女儿上楼去。老话说得没错，适合自己的人生才是最好的。

3. 我也是她最亲爱的小孩

幼儿园搞亲子活动，要家长与孩子同做手工。我惊得打了好几个喷嚏：饶命饶命！我心灵手不巧，不去啊！第二天，怕孩子失望，到底硬着头皮出现了。坐在我身旁，女儿果然笑出了小虎牙。我正得意呢，老师给每家发了一个纸餐盘、一团毛线，家长负责将毛线缠在盘子边上，小孩在中间的空白处作画。看着老师示范，我已战战兢兢，再看其他家长敏捷的手法，我不禁欲哭无泪。最后，在老师的指点下，我成功地将毛线弄成乱草，将盘子掰成两半。

回家路上，悲愤的我开始胡言乱语：“我从此再不去你们幼儿园！我明天要在头上套个塑料袋再去接你！今天晚上我要删除所有人头脑中的记忆！”女儿频频点头，表示十二万分支持。为扳回面子，我又开始向女儿吹嘘，说自己小时候如何心灵手巧，文能绣花，武能种菜，缝的布娃娃会眨眼睛，等等。我唯一的听众忠实地跟在我身后，耐心倾听我的每一句话。

郁闷散尽后，懊恼忽上心头。我感觉自己像个彻头彻尾的傻瓜，禁不住讪讪地问孩子：“我是不是不像个大人？”她脆生生地答：“是！”我心一凉，不甘心地追问：“像个傻瓜是吧？”她眯起眼睛打量我：“现在，我觉得你像个很小很小的小妹妹，我喜欢你！”我又愧又喜，讷讷自语：“我笨，爱生气，又爱吹牛，这样的妈妈你也喜欢吗？”她清晰地回答：“喜欢！喜欢！”像黄鹂鸟儿欢快地鸣叫，像蜂蜜色的阳光，恰恰滴落在心尖。

我不知道，蝴蝶眨几次眼睛才学会飞行。可我知道，在这个小娃娃的花园里，我可以无数次练习飞行。我可以飞得很远很远，到沧海的彼岸看花开；也可以停得很低很低，傍在她衣袖上休憩。

因为，我也是她最亲爱的小孩。

第 16 个故事 ▶▶▶

许多烦恼，是怀着善意来的

如果所有乌云都镶有金边，那么，有许多烦恼，是怀着善意来的。种种波折，让他学着自省，学着宽容，学着冷静，学着爱与被爱。就这样一滴一滴，积攒着人生的经验和勇气。

最近，孩子变得很沉默，睡梦里，会蹙起眉轻轻叹息。我忍不住想：到底发生了什么事呢?

周末，我们乘车去葡萄园。果园碧绿，葡萄深紫，嘤嘤嗡嗡的蜜蜂是金色的，而我身边的孩子却是灰色的。他低着头，边走边踢脚下的土坷垃，不知走了多久，终于开口：“我想告诉你，我有一个大大的烦恼！”

我微微颔首，心下无限欣慰：喜悦可以与任何人分享，而烦恼，必须说给最信赖的人听。在漫长的人生里，我希望，我能够一直被自己的孩子深深信任。

九月的风，漫过葡萄园，漫过村舍，去往最遥远的戈壁深处。

1. 我以为自己是哆啦A梦，原来只是大雄

刚踏进校园，小朋友的心如一亩花田，那些炫目的梦想，千朵万朵，压低枝叶。阳光照进教室，连微尘都熠熠生辉。他信心满满，认

为自己就是无所不能的哆啦A梦，所有梦想都会在下一秒成真。早读时他声音最亮，课堂上抢答每一个问题，考试时第一个交卷。他热切地渴望着老师的表扬、同学的掌声、爸爸妈妈的喝彩。

现实，像透明而坚硬的玻璃门，将这跑得虎虎生风的小孩，撞得鼻酸眼肿。单词拼错，生字默错，数学本上也有几把红叉。尤其是体育场上，他跑得没别人快，跳得没别人高，就连课间操，动作都不够规范。失败接二连三，穿成了糖葫芦，勇气如山楂果被刺穿。小小的人跌坐在地上，终于明白，成功不是一件简单的事。他喃喃说："我不是哆啦A梦，我是笨头笨脑的大雄。"

日本小学生大雄，考试常捧鸭蛋，赛跑倒数第一，打棒球不断犯错。在《哆啦A梦》全集中，大雄一共被胖虎揍173次，被老师骂20次，被妈妈骂327次，被狗咬23次，掉进水沟14次。大雄仍然每天开心地生活着，可我的孩子，开始烦恼了。

我揉揉他的头发，笑了。他安康时，喜悦时，幸福时，我爱；他病痛时，受惊时，困扰时，我仍爱。因为，他叫我妈妈。我对他说，懂得烦恼是有上进心的表现，就像爱探险的人才会常常迷路。他抬起头，眉宇略舒。我话锋忽转："不过，要从迷雾中走出来，我倒有个锦囊妙计，只怕你没耐心哦！"他眼睛一亮，缠着我说出来，并保证会照做。

小孩子哪里有耐性，隔三岔五地露出点倦怠来，黑漆漆的眼珠转呀转的，想逃。在每天的交流中，我或激将或点将，或提醒或鼓励，绞尽脑汁，安抚住那颗摇摆不定的心。期中考试，成绩平平，他向我抱怨妙计不妙。我不急不慌：一株葡萄，要经过育苗、插枝、修剪、架棚等过程，才能开花结实；而培育一株梦想，需要更多耐心。

过了大半个学期，局势渐转，几乎每天回来，他都又笑又嚷：“妈妈，我要给你一个惊喜！”听写、作业、考试，捷报频传，最大的惊喜是：在一次公开课上，他的回答获得了老师和同学们热烈的掌声。周末，大雪初晴，他同桌的妈妈打来电话，语气急切：“听说你是诸葛亮，能否公开锦囊妙计？”我笑得话筒险些脱手，那妙计是何等寻常啊，无非是一个“慢”字：先收起风驰电掣的夺冠心，静下心来听课，静下心来思考，听清问题再答，看清题目再写。对方愈发好奇：“这番道理，我唠叨过一万遍，为何不顶用？”我直言不讳：“不要唠叨，那只会让孩子多一个烦恼！”

一旁的儿子，庆幸自己终于摆脱了可恶的烦恼。我顿了顿，真诚相告：“这烦恼培养了你的耐心和细心，你应该珍惜它才是……”孩子心不在焉，说跟同学约好要去堆雪人打雪仗，我一挥手，放行！道理什么时候都可以讲，此刻，去雪地里疯玩才是头等大事。

追着孩子的脚步，我边跑边喊：“喂，带上我呀！”

白雪，红日，时光正暖，要珍惜烦恼，更要珍惜快乐啊！

2. 我以为自己是奥特曼，原来只是小怪兽

他玩得太开心了，帽子、手套、鞋袜全湿了。回家路上，还兴犹未尽地掷着雪团高喊：“怪兽通通出来，我是拯救地球的奥特

曼！”到了半夜，伟大的奥特曼高烧到40度，在医院打点滴时，他尚平静，当听到医嘱说要休息两天时，他忽然崩溃。这个周末，本是一棵画好的彩虹树：去南山滑雪，去温室摘草莓，跟好朋友一起看电影。而此刻，这些缤纷色彩，通通被感冒这块橡皮擦抹掉。

小朋友鼻塞声咽，愤愤不平地描述：甲同学严冬穿单衫，连喷嚏也不打一个；乙同学最爱麻辣烫，口腔从不溃疡；丙同学不抹护肤霜，可手脸从不皴裂。他摇头叹息：“他们才是奥特曼，我只是个小怪兽，一次感冒就能把我放翻！”

几乎每个幼儿，都有过如此经历：频繁光顾医院，嗅到来苏水就启动哭喊程序，瞥见白大褂就发飙。那时，儿子体质欠佳，但自信满格，总能在泪水未干之际，就自称大力水手、葫芦娃、变形金刚等。如今男主角长大了，为种种小病烦恼，给自己贴上了“小怪兽”的标签。可是，他心有不甘，再次向诸葛亮索取锦囊妙计。我老老实实地回答：“多跟风雨阳光做游戏，将碳酸饮料和膨化食品，寄存在超市里，将白开水和赤橙黄绿青蓝紫各色蔬菜，珍藏在肚子里。”他皱鼻，撇嘴，然后用手掌盖住脸。我沉吟一下，又说：“如果觉得困难，可以一样一样地开始。”他在指缝里吃吃地偷笑，却佯作恼怒：“为什么不能两样两样地开始？”

塞北的冬天，大气磅礴，不是阳光哗啦啦兜头泼下来，就是白雪惊艳艳铺满世界。小朋友有时跳绳打羽毛球，有时在雪地上疯跑打滚，汗流浃背时，也觉得白开水很解渴。那些蔬菜里的纤维让他恼火，可就着我编的童话故事，小怪兽居然凶性大发，吃掉整整一盘青菜。

我们一起散步、爬山、骑自行车，我的颈椎痛好了许多，可小朋友却未见起色：手心皮肤照旧裂纹纵横，感冒、口腔溃疡时有发生，体育成绩也原地踏步。

我向儿科医生请教，被告知：有些孩子是特殊体质，长大了就会好。儿子居然很淡定，没像上次那般抱怨，可见耐心又长了一寸。

而他的烦恼，也令我成长不少。从前，我如惊弓之鸟，听见他一声喷嚏，就四处乱翻体温计，他热度一高，我的心立刻开始蹦极。紧张的情绪迅速蔓延，并被放大成忧烦。如今，我不仅成了“儿科专家”，还有了一颗极为皮实的平常心。

春天风大，他买来一管蜜桃味的唇膏，说我嘴唇爱起皮，要记得擦这个。晚上，他给生病的流浪猫送去牛奶和火腿肠。隔天，又有家长打来电话，真诚道谢：“我儿子的脚患甲沟炎，做手术一周了，都是你家小孩扶他去卫生间，放学还帮他背书包呢！”我心花怒放，对小朋友竖起大拇指：“小怪兽原来是天使扮成的！”他笑道：“生病多难受啊，最希望有人帮忙啦！”

我们悄悄种下茉莉的种子，到了春天，却兴奋地收获了满园的素馨花。他没有变身为钢筋铁骨的奥特曼，却拥有了一颗柔软芬芳的心。我相信他会变得强壮健康，连烦恼的种子都可以开出纯白的挚爱，人生还有什么不可能呢?

3. 许多烦恼，是怀着善意来的

孩子的烦恼，如扣人心弦的连续剧，情节迭变，波澜横生，似乎永远没有终结版。

因为被人误解，他郁闷得吃不下饭；因为弄丢了千辛万苦写完的暑假作业，他失控到捶墙；因为搬家转学，一切陌生。他眼圈红红，向我摊开手：“从前，我是最受欢迎的喜羊羊，现在为什么成了孤独的灰太狼？连讲笑话都没人笑！”

弯弯绕绕，误会终被澄清，他与朋友重归于好。欣喜之余，他想起自己也曾误会过同学，却没有及时道歉，于是当即找到号码簿，打出那个迟到却充满诚意的电话。寻遍所有书店，才重新买来暑假作业，他夜以继日地奋战，终于完成之后，却在一堆漫画书里发现了苦苦寻觅的作业。那一刻，他发誓要养成好习惯，不再乱放东西。新环境的磨砺更见成效，在经历了那段恼人的水土不服之后，他学会主动与人交往，变得幽默而开朗。

如果所有乌云都镶有金边，那么，有许多烦恼，是怀着善意来的。种种波折，让他学着自省，学着宽容，学着冷静，学着爱与被爱。就这样一滴一滴，积攒着人生的经验和勇气。所有孩童，都是一棵鹅黄的小树吧，一半在风里兴奋飞扬，一半在尘土里好奇探寻；一半拥抱阳光，一半穿透暗昧，将赖以生存的根扎到最深最湿润的地方。

第 17 个故事

世间最坚强的温柔

生命里有折断梦想的飓风，也有噩梦后重生的喜悦。生命，是这个世间最坚强的温柔。

1. 七毛钱的勇气

他是个胆小的孩子，像一株敏感的植物，依恋着熟悉的水土和空气。升级、换教室、换老师，这些大人眼里的寻常小事，桩桩都令他不安。我啧啧称奇："这孩子完全复制了幼时的我，连怕喝牛奶这样的细节，也一式一样！"爷爷耐心劝道："牛奶有什么好怕的，它能让你长高长大，去很远的地方上大学！"孩子惶然摇头："我不要长高长大，我要一直上小学，离家近！"众人哄堂大笑。因为胆怯，他的理想如此切近，像风吹草低，低到泥土才算安心。

没几天，儿子忽然嚷嚷着要喝牛奶，说楼下就有卖的，只要七毛钱一份。于是，我看见了那个中年妇人，守着膝前的木桶，坐在冬天的风里，像一片单薄的叶子。

问起来，说是自家养的牛，凌晨起来挤奶，赶到这里天还未明。早餐桌上，看儿子端起牛奶梁山好汉般豪饮，我忍不住问："几时变得这么勇敢的？"他不回答，直到闭着气将牛奶灌下去，才轻轻吐出一句话："阿姨冷！"我的心微微一动，仿佛被什么撞了一下。

小雪过后，寒流忽至，呵气成霜。人人都穿得鼓鼓囊囊，像要集体登月似的。那妇人并未添衣，舀牛奶的手已经变成青紫。儿子的班主任竟也来了，他幽默地指着儿子："你说这儿的牛奶能让人长高，我老头子也来试试！"那妇人满面惊喜，恭敬起身，原来老师也教过她的女儿，师生至今仍有联系。老师说那女孩在国外读书，非常优秀，做母亲的又欢喜又腼腆，几乎弄洒了牛奶。

回到家我才发现，牛奶多给了一份。儿子郑重其事地找出七毛钱，说明天还给阿姨。可世上事偏偏这样不巧，日日风雨无阻的人，竟再也没有出现过。儿子天天揣着钱，念念叨叨："什么时候才能还给阿姨呢？"这笔小小的债务，成了他生活中的头等大事。我建议他去问一下班主任。下午就有了消息：阿姨家的牛停奶了，她不肯喂激素，只是用食物调养，要过一阵子才有奶。

雪一场接一场地下，阿姨总也不来。周末的晚上，儿子面色凝重："我今天又去问老师，原来阿姨摔伤了，早就被亲戚接到山里养伤了！"我吃了一惊："怎么会这样？"他恳求道："我们现在去坐夜班车，进山找阿姨吧！"我啼笑皆非："如今大雪封山，所有车都停开了，要进去非得有直升机不可！"他沮丧地蹲下来："我只有飞机模型，欠阿姨的七毛钱怎么办呢？"想起那双瘦削青紫的手，我也有些沉默。过了一会儿，我拍拍他的肩："相信我，春暖花开时，她一定会回来的！"

可是直到暮春，我们仍没有等到那熟悉的身影，却等到了老师的电话：阿姨不会再来了，她女儿在英国找到工作，已经把妈妈接走了。开心之后，儿子忽然关掉动画片，到书桌前咿咿呀呀地背英语单词。我惊诧地追问缘由，这男孩捂着耳朵说："妈妈不要吵，我要考上英国的大学，才能去还阿姨这七毛钱啊！"

窗外，柳絮轻扬，天空如蓝莲花。我仿佛看到一只蝴蝶，在茫茫沧海之上，欣欣然展开了小小的双翅。

就算换老师时会哭红眼睛，就算做客时不敢说出自己的名字，就算黑夜不敢一个人留在家里，那又怎么样呢？只要有这七毛钱的勇气，我相信有一天，他定会长出一副有担当的肩膀。

2. 一毫米的勇气

五楼的茅爷爷又去做化疗，站台前，儿子雀跃挥手：“爷爷记得早点回来，再给我讲大树的故事呀！”老人临窗微笑，汽笛声中，慈和的脸渐远。那一瞬，我忽然觉得无比伤感：生命如此脆弱，人生简直无法把握。

到家后，儿子依然叽叽喳喳地说个不停：“茅爷爷说，天气预报今晚有大风，会不会把我们吹到树上？”我心不在焉地答：“我们又不是猴子！”他指着窗外的那棵杨柳，无限羡慕：“我也想长那么高，一直长到五楼茅爷爷家的阳台上！”我不禁苦笑，自问家族基因没那么特异，敷衍道：“你怎样长那么高呢？”他倒颇为老实：“一毫米一毫米地长呗！”我沉默不语，他继续浮想联翩：“长高后，我要当警察，对坏人喊，不许动！”兴起处，他站在床上手舞足蹈：“无论多坏的坏人，遇见五层楼那么高的警察，都会得恐高症吧？”我强捺焦躁，催他去睡，他却苦苦相逼："妈妈为什么不长那么高？"我以手抚额，几乎要放声大哭，他得意扬扬地替我回答："因为女生有高跟鞋！"

至此，我的坏情绪彻底投降，开始跟他一起谈这棵垂杨柳。他说这是客栈树，上面住满鸟儿、阳光、风和尘土，最是大方。我说这是画家树，白天画一窗浓绿，月夜画满屋树影，最是好看。说到茅爷爷讲的大树的故事时，小朋友已经口齿不清，眼皮都粘在一起了。

夜半，风雨大作，早晨看到的情形令人触目惊心。那棵杨柳已从中间裂开，柔枝碧叶铺了满地，像一只巨大的翠鸟，折断了鲜艳的翅膀。工人爬上梯子，锯掉那些受伤的枝干。儿子仰头自语："原来大树真的会断掉啊！"我轻轻叹息："因为风雨太大了！"他怕疼似的吸着气："那剩下的半棵树，像茅爷爷说的那样，真的会活下来吗？"

听见这亲切的名字，想起老人家的病，我顿时胸口酸热："那要看它的运气了！"思索片刻，儿子奔回家中，找出一堆钙片、鱼肝油、维生素，然后拿了家里炒菜的锅铲去树下，挖坑，倒水，埋药。他仰起脸，笑："你看它运气好不好？"我愣住，蹲下来，擦去他鼻尖上的泥土。

此后，他常常去给这半棵树"喂药"，只是在茅爷爷的指导下，改用了花肥和营养液。这精卫填海式的努力，注定了失败的结局，在一片蓬勃张扬的浓翠中，伤树渐黄渐枯。儿子并不沮丧，仍一如既往地照料它。我忍不住提醒这个傻傻的小孩："很快就会有工人来锯掉这棵树了！"他捧着花洒平静地说："我知道，可它也许明天就发芽了！"花洒中细密的水珠欢涌着，穿过阳光，落入泥土，像一场小小的缤纷的太阳雨。

面对一棵树的生死，我多了一毫米的世故，而他却多了一毫米的勇气。这勇气，如乡野车辙里怡然开着的小花，叫人心生羡慕。

可奇迹并没有发生，树还是被锯掉了。这孩子似乎并不难过，有时，还会去给那剩下的树桩浇水，有时去找茅爷爷，要他讲大树的故事。我有些纳闷：这普普通通的树，能有什么传奇呢？

又是春日，满眼的鹅黄淡粉，风里沁着微甜。那树桩的残枝上，竟也冒出了点点浅绿，听见我惊呼，孩子表情神秘，拉我去看那几棵最高的树。我疑惑地看着树，原来，那些粗大的树干上，每一棵都有受伤后愈合的痕迹，每一处伤痕都刻着无穷无尽的勇气！这些北国的树，用这样的方式告诉我：生命里有折断梦想的飓风，也有噩梦后重生的喜悦。生命，是这个世间最坚强的温柔。

而我，几乎错过了这个秘密。

我忽然发现，不知何时，儿子的头顶已与我的第三颗纽扣平齐。他愿意一毫米一毫米地长高，我也愿意在每一寸光阴里成长。我们都不会长到五层楼那么高，可我希望我们对生命的勇气、对生活的热爱，能长到五十层楼那么高。无论在何时何地，都能触摸到生命中那最迷人的深蓝。

3. 五分钟的勇气

儿子通知我，下午两节课后，他们年级要举行诗歌朗诵会，地点在教学楼西侧，欢迎家长前去观摩。

一激动去早了，孩子们还没下课，我就站在楼下等。校园里树木极多，秋叶灿然，无风自落。忽然，有鸟儿凄厉地叫，奔过去一看，一只粉团团的雏鸟，不知怎么从老榆树上掉了下来，在落叶中挣扎。鸟妈妈上下盘旋，悲鸣不已。

我抬起头，搜索到鸟窝的位置，还好，不算太高。将相机和手袋胡乱放下，我小心翼翼地捧着这黄嘴小肉团，借着旁边的栅栏上了树。五分钟后，我狼狈地吊在树中央，上不去也下不来。此时才知道，爬树是个技术活。更要命的是，下课铃响了，孩子们欢笑着，潮水般涌来。

多亏体育老师赶到，救下汗流浃背的我，又将这娇嫩的小家伙安放在巢中。围观的孩子高声喝彩，儿子大叫妈妈，我拼命低头，恨不得双手掩面。孩子却把我推到同学们面前，自豪地宣布："这是我妈妈！她害怕一切没长毛的小动物，可刚才居然敢去救小鸟！"我忽然反应过来，举起双手，触电般尖叫。孩子们大笑，鼓掌，落叶纷纷飘下。

我知道，刚才那五分钟的勇气不是神给的，是我与那个亲爱的小孩一起成长时产生的能量。

第 18 个故事

爱，是一程又一程的学习

爱，是一程又一程的学习。面对孩子，我愿意虔诚地聆听、思考、修正，直至能听懂花蕾的心跳、青果的秘密。

九月，女儿升入幼儿园中班，我也成为五年级的班主任。新学期，女儿遇见了一个她超级喜欢的舞蹈老师，我却遇见了一个让人啼笑皆非的插班生。

舞蹈老师夸女儿有跳舞天分，打算让她演童话剧里的白雪公主，女儿说心都跳舞了。在外地学习的妻，迫不及待地与众人分享好消息，整个亲友团都伸长脖子，静候白雪公主登场。

我班里新转来的插班生叫闵星，一来就成了明星。学校要举行团体操比赛，训练时他倒也一丝不苟。可没几天，他忽然毛遂自荐，要求代替体育委员领队，我没有同意，但鼓励他下学期参加竞选。后来闵星的妈妈打来电话，我也是这样回复的。没想到正式比赛那天，轮到我们班上场时，闵星开始自由发挥，像武打明星般扑跳呼喝，闪转腾挪，其他同学纷纷闪避，笑倒了一片。我正欲上前制止，他忽然举起手中的花环大叫："老师，老师，我的花圈断了！"我窘得汗湿后背，连评委老师都绷不住了，集体笑得伏在桌子上。

没有任何悬念，我们班倒数第一。这的确令人恼火，但我努力平静下来，如此任性的孩子，不是一场疾风骤雨的批评能改变的。另外，我内心觉得这小孩不可多得，有武术底子，还有谐星潜质。

回到家，女儿喜滋滋地报告："《白雪公主》明天就要排练了，我被选上了哦！"

我顿时心花怒放，给妻打电话：“恭喜王后，贺喜王后，你女儿已经成为公主啦！”

女儿凑近话筒：“错！我演的是白雪公主的后妈！”

我怔住：“后妈？为什么？”

女儿掩着嘴笑道：“连这都不知道啊，因为白雪公主没有后爸呀！”妻嚷嚷道：“老师这是怎么了？世上哪有这么可爱的后妈！”停一下，妻又问：“你能去找舞蹈老师谈谈吗？”我笑了：“那哪行啊！”

无论大人如何惊诧失落，女儿依旧兴致浓浓。她举着妈妈粉盒上的小镜子，像模像样地开始练习：“魔镜魔镜，谁是世界上最美丽的女人？”被拉来陪练的我，满嘴苦水地回应：“王后呀，您是世界上最美丽的女人！”

周六的早晨，女儿早早起床，披着妈妈的黑色披肩，一直舞到我床前，瓮声瓮气地说：“可爱的孩子，来吃个毒苹果吧……”我皱起了眉，这时，妻的短信来了，她说在幼儿园网站查到舞蹈老师的联系电话，给我发过来。我的心动了一下，但最终还是没有拨出号码。忽然想起教室的投影仪坏了，干脆自己动手去修吧。我鼓动女儿跟我一起去学校，她一口答应，只是我哄了半天，她才肯脱下那条黑披肩。

我来到教室，将投影柜推到窗边，边修机器边关注荡秋千的女儿。校园里开满了美人蕉，秋风慢慢吹，穿白裙的小人儿坐在秋千上摇啊摇，像古老童话书里的插图。她很快忘记了扮那个恶王后，又变成一个可爱的小公主。

等我将投影仪修好，惊觉时间已过去半日。赶紧伸头看秋千架，哪里还有女儿的踪影！我三步并作两步跑出教学楼。风很大，各色花瓣被吹落了一地。我看到，在靠近围墙的小径上，女儿和一个男孩飞跑跳跃着，一起追逐飘飞的花瓣和叶子。

女儿发现我，兴奋地大叫老爸。男孩蓦地转身，我们俩都愣了一下，是闵星，他手里还握着一片硕大的美人蕉花瓣。女儿一手拉着我，一手拉着新朋友，兴奋地说："我已经跟哥哥说好了，今天一起去我们家吃酱牛肉。"闵星有点尴尬，急急地抽出手："不，我不去了！"女儿的眼泪忽然就掉了下来："你说话不算数！"

闵星急了，拿起花瓣给女儿擦眼泪。这个稚气的举动，让我看到了这个任性小孩柔软的一面。我拍拍他肩膀："快走吧，我肚皮都要饿穿了！"

真的已经很晚了，回到家，我冲进厨房就开始做酱牛肉。可能看惯了穿正装站讲台的班主任，见到我穿围裙拎菜刀的爸爸造型，闵星一下子大笑起来。我们之间那层微妙的隔阂，顿时冰消雪融。两个小孩前呼后拥地跟着我，看我威风凛凛地斩肉切葱，眼里满是崇拜，我陶醉得差点切到手指。

可能大家都饿了，这顿饭吃得太有气势了。三个人围着餐桌，就着葱花饼，无拘无束地大块吃肉，大口喝果汁。饭后，女儿又开始演练她的坏王后，我和闵星友情出演其他角色，居然都进入了情境。集体隆重谢幕时，我将女儿举在肩头，那一刻，我听见了她欢快的心跳。我忽然不讨厌王后这个角色了，这只是小孩子在玩，都是大人想太多。忽然手机响了，电话是闵星妈妈打来的。她说："为体育委员的事，闵星今早负气出走了，到现在还没找到。"当知道孩子在我这里时，这位母亲喜极而泣。

我想跟闵星好好谈谈，放下电话，却不见了人。女儿笑逐颜开，眼睛看着卫生间问:“你猜哥哥藏哪儿了?”我搬个小凳子坐下,隔着卫生间的门,跟倔强的男孩对话,直到他肯出来面对我。

女儿拿出了所有的零食和画册,我拿出了所有的诚恳和耐心。从闵星这里我了解到:父母平时也教导他要谦逊知礼,要守秩序,可每每在关键时刻,都会扮“天使”助他一臂之力,让成功来得轻而易举。从小红花、奖状到班干部的职务,孩子从惴惴不安地接受,变为理直气壮地索取。这一次,他固执地想当体育委员,因为在新同学面前会很有面子。

闵星说,有时,在同学的质疑声里,也会讨厌这样的自己,可又习惯了“天使”的庇护。

这番并不罕见的成长经历,令我深深震撼:我差一点点就成了糊涂爸爸。我真诚地告诉这位只有十岁半的男孩:“我女儿两岁时,曾要我去摘路边的紫丁香,我告诉她花会很疼。她三岁时,死活要把小区的消防栓卸回家,说那个长得像外星人,当然不可以……”闵星笑起来,也许每个孩子都有这样的经历吧!

“这学期,老师说她有跳舞天分,可她没有当上白雪公主,演恶王后也觉得很有趣。但我们大人觉得这角色不好,想去找老师争取……”停了停,我坦率地说,“听完你的故事之后,我知道自己错了,大人不能再给孩子帮倒忙了。”闵星似有所思:“我小姨也这样说过,她也是老师……可你真的不会给小妹妹帮忙吗?”

我跟他勾了手指。他爽快地说:“那我也不再为体育委员的事生气了!”

又是新的一周,闵星的确有了变化。他把教室后门的锁修好了,还兴致勃勃地要教我打洪拳。据说,有许多外班同学都想拜他为师,其中竟然女生居多呢！

我开玩笑道：“闵大侠，你下学期不用竞选班级体育委员了，你可以应聘我们学校的体育老师了！”

中秋前夕，妻回来了，女儿开心得要飞起来，滔滔不绝地讲啊讲：舞蹈老师的漂亮裙子，会武功的闵星哥哥，演白雪公主的女孩跳得太棒啦……母女俩唧唧哝哝，像两块半融的糖。

下午，妻要准备外出学习的汇报稿，我带着女儿去骑自行车，直到天黑才回来。小孩子眼尖，一进门就发现了茶几上的糕点，便嚷嚷饿了。妻在里面带着笑说：“刚才你们班闵星的妈妈来了，带了一盒自己烤的月饼。她说孩子现在懂事多了，要谢谢你这个班主任呢！”

很快到了周五，因为女儿有些发热，中午便提前接回来了。孩子说，下周开始，老师要换她演白雪公主了。未等我们搭话，女儿忽然哽咽：“白雪公主哭了，老师的袖子湿湿的，我的心都不想跳了。”妻蹙起眉，想说什么又没说。

下午，我上完班会课，又带着学生大扫除。正忙得嗓子冒烟，三班的老师领着闵星来找我：“这位同学在我们教室的外墙上，喷了一大片可乐！”我还未及致歉，班长又拍拍脑袋：“对了老师，上午闵星把班里的投影仪搞坏了，美术投影都没法看。”我看着闵星，他胸口起伏不停，却固执地沉默着。

晚上，我对妻说了闵星的异常状况，并说要去做个家访。妻很震惊，沉默了一会儿，她说：“这是我的错了。”见我疑惑，她叹口气道：“前天闵星妈妈来送月饼，我们聊起来才知道，女儿的舞蹈老师是闵星的小姨……”我的脑子“嗡”的一声，所有疑惑都有了答案。

大人们往往以爱之名，随意将触角伸进孩子的空间，把秩序搅得乱七八糟，让孩子们莫名惊诧。而深深信任着我的闵星，就这样被伤了心。

这次家访，是我们三个人一起去的，大人做错事更应有担当的勇气。闵星的小姨也在，听到我们的决定后，年轻的舞蹈老师长长地嘘了口气，俯身拥抱着女儿。而闵星在我耳边小声说："投影仪没坏，是我把灯泡卸掉藏柜子里了。"

我要感谢这两个孩子：女儿澄澈的童心，安抚了我浮躁的心绪；而闵星藏起了一盏灯，却让我看清了要如何做个好爸爸。

爱，是一程又一程的学习，面对孩子，我愿意虔诚地聆听、思考、修正，直至能听懂花蕾的心跳、青果的秘密。

第 19 个故事

大人别闹

此时，阳光明亮，植物安然，如顾城所说：草在结它的种子，风在摇它的叶子，我们站着，不说话就十分美好。

周末，和朋友带着孩子一起吃火锅。中途，两个孩子跑出去玩了，朋友忽然郑重开言，说有事相求，要我先答允才说。

我一口回绝："免谈。谁知你求我上风放火，还是下风杀人？"她微笑："我数到一百，你要是不答应……"这时，只听"砰"一声响，我吓得连连喊："答应！答应！"

原来，是一个顽皮小儿扎爆了气球，虚惊一场。

朋友的儿子上三年级，平时聪明懂事，一到写作业就变无赖泼皮，轻则磨洋工，重则哭叫吵闹，叫人头疼。亲友团想了一千零一种主意，都被这小男孩破解。

听说就在昨天，家教将学费原数奉还，恳请学生离开。今日，朋友忽发奇想，让我们两家的孩子组团写作业。她说："近朱者赤，你女儿乖巧勤谨，定能影响我儿子。"

我嗤之以鼻："近墨者黑，万一她被你儿子影响呢？我女儿今年小升初，无暇做公益！"她身子前倾，诚挚恳求："尝试一周，如果不行，你可以马上解约。"

我打着哈哈："这要征求女儿意见。"

女儿在身后活泼泼地接话："我同意。"

那男孩叫道："我也同意。"

我一向认为，思考要静，学习是件孤独的事，但此刻孩子们高兴成这样，我也不好太扫他们的兴。

最终商讨的结果是：单日来我家，双日去她家，反正我们两家住得近。

当晚，小男孩就兴冲冲地来了，朋友说趁热打铁，有了想法就得赶紧兑现。哼，趁火打劫还差不多。我假意在一旁看书，实际则观察二人动向，如果孩子们太闹，那我就该出手了。

姐姐写作文，弟弟做数学，互不干扰，颇令人安心。完成之后，两人还兴致勃勃地浏览对方的作业，姐姐一下就发现两道错题，小老师兴奋得两眼放光。弟弟也提出疑问：“你写的明明是件大事，吃饭时被鸡骨头卡到，差点去医院手术，可标题为什么叫一件小事？”姐姐解释道：“最后打了个喷嚏，鸡骨头自己飞出来了。”弟弟执拗争辩，觉得嗓子眼都被骨头划伤了，应算大事。姐姐觉得有理，将脸枕在胳膊上歇息一会儿，打算全篇重写。弟弟连忙献计，说只需把题目改成“一件大事”就行了。姐姐大喜，弟弟也低头改错，初次合作圆满结束。

说真的，我对两个小人儿刮目相看。听朋友讲过，她儿子平时千方百计阻挠大人检查功课，如果要求改错，几乎要躺到桌子底下哭叫，这次居然乖乖接受姐姐的意见，真叫人诧异。女儿的作文，一直是四平八稳，既不出错，也无甚新意，这次居然被弟弟说中弊病，如此将题目一改，文章充满童趣，真正连我们大人也做不到。

谁料到，第二天交换场地时，却闹得惊险迭出，人人冒汗。写到一半，姐姐中途退出，弟弟气乎乎离家出走。这下可好，两个都不写作业了。

三头对证，终于弄清事情原委。原来，朋友嫌学校作业少，每学期都自作主张，给儿子买100块钱的习题和试卷。为抵制“加班”，孩子使用了一切办法：弄丢文具盒、装病、争吵哭闹……最后发展到故意“忘记”作业，有意拖延作业，闹得合宅鸡犬不宁。我一直以为孩子天性顽劣，深深同情朋友，此时才知病根在这里。

更令人啼笑皆非的是，朋友为感谢女儿加入学习小组，也替她准备了50块钱的试卷。女儿毫不领情，拒绝接受礼物。朋友比古论今耐心说教，女儿急于回家看动画片，背起书包告辞。男孩见有了盟军，勇气大增，扬言要跟姐姐一起走，永不回来。女儿提醒弟弟，别忘记带上牙刷、书包和零花钱。男孩如梦方醒，向妈妈索要几年来积攒的压岁钱，顿时天下大乱。

局面混乱不堪，朋友夫妇几乎要哭出来，打电话叫我们来助力，一同制服“叛军”。后来，我建议两个孩子先看动画片，四位大人紧急商讨解决方案。朋友万般不情愿地接受了建议：暂时废除“加餐”，只写学校布置的作业，闲暇时间由小孩自己支配。

组团写作业得以继续。弟弟没有开头那么乖，开始暴露之前养成的种种习惯：磨蹭、耍赖、知难而退……女儿是个耐心的小老师，会温和地提醒和劝导。如果弟弟有进步，会得到奖励：一枚树叶勋章，两粒糖果，有次竟然是一块钱硬币。太好笑。

他们一起看漫画，看动画片，也看诗集和童话。小孩子的思绪如杂花生树，群莺乱飞。他们说《小王子》是一个又悲伤又好玩的故事，《小红帽》是恐怖片，《西游记》里的小妖怪太可爱。这一切都由得他们，没人去指导和评判。大人不必做他们的眼、他们的舌，小孩子们自己会品尝这个世界。比如，他们在树林间追逐打闹时，双双绊倒在地，啃了一嘴的土，也开心。

现在，女儿每次从朋友家回来都充满欢欣。“今天阿姨给我们看了三维动态的血管成像图，原来在人体的每个部位都流淌着 36.5 度的热血，真有趣。我将来不当老师了，要当医生。”

隔几天，她又说：“叔叔讲，南非的蜣螂会借助银河辨别方向。它们会在星光指引下，滚着粪球沿直线走，若是阴天，就只能转圈圈。叔叔还说，金星表面的温度有 460 度，扔一个生比萨在上面，9 秒就可烤熟装盘了。我将来不当医生了，要当宇航员，住在空间站，几年都不来地球，妈妈不要想念我。”

我不介意她去外星开比萨店，只是诧异一件事，亲生父母讲点天文地理，这小孩充耳不闻，到了别人家，听什么都似醍醐灌顶，兴趣的按钮一下就被旋开，前路宽广而明亮。难道真的是隔锅饭香，别人家的花更红？

晚饭后，我与朋友散步。她说，儿子渐渐开始控制自己的情绪，不再动辄勃然大怒，开口闭口“姐姐说”。从前只看漫画书，如今居然在看《泰戈尔诗集》，只因为姐姐喜欢看，还在本子上摘抄：夏天的飞鸟，飞到我窗前唱歌，又飞去了。

从前视蔬菜为毒药，现在勉强吃几口胡萝卜、两筷子菠菜，因为姐姐说人体不能合成维生素 C，不吃菜的话，可能会在走路时突然死掉。他不想死掉，担心自己班的短跑冠军会被一班夺走。

朋友说：“同样的道理，我们讲百八十遍，也对不上儿子的频率，姐姐一讲，马上就能收到，清楚又明白，真奇怪。”

我俩哈哈大笑。朋友迅速回到现实，感慨道：“你女儿进步挺快，但我儿子的成绩却没有提升。”我警惕地问：“你想怎样？”她笑眯眯地开口：“可否以姐姐的名义劝他‘加餐’，让他多做一些习题，这样才能迅速进步。”我怒极反笑：“你这狡诈的家长！”她连忙剖白：“我还不是为了他好，天下父母，此心皆同。”我摆手道：“我心不同，你且死心。”

朋友竟不生气，她点头笑道：“就猜到你这个倔脾气，好在山人自有妙计，你就等着瞧吧！”我旁敲侧击，反复追问，原来她想去请求老师们亲自下令，增加各科作业，这样儿子就会乖乖接受。看着这位得意扬扬的母亲，我叹口长气，令情绪平复，然后才开口：“你是个优秀的医生，最知道痊愈是个循序渐进的过程，一粒药丸叫病人生龙活虎，那是拍戏。你儿子因‘加餐’而厌学，正在心理恢复期，怎么可能一下子提高成绩？”

我并不勇敢，更不爱替他人做主，但这小小男孩，是我看着出生、看着长大的，我一向视为己出。尤其是最近，他常常向我请求：“你当我妈妈可好？姐姐当我老师可好？我站在你家的阳台上，觉得花才好看。我妈妈应该生一个每学期能做500块钱试卷的小孩。”

直视着朋友的眼睛，我硬着头皮班门弄斧：“饭量是由自身体质、运动量、胃容量等决定的，只是强迫把胃撑大，并不能增强体质，反而会令胃病复发，求你开恩！”

朋友忽然捶了我一拳：“真是一语惊醒梦中人，我没白交你这个朋友！”她手劲大，我疼得“哎哟”一声。姐弟俩忽然从树丛间冲出来，弟弟扭住妈妈，生气地大喊：“不许打阿姨！”朋友讪讪地解释：“我是开玩笑的。”

原来，孩子们写完作业，准备下楼荡秋千，却发现了我们两个。此时，他们一左一右守卫在我身边，时刻准备锄强扶弱。朋友对着月亮起誓永不再犯，孩子们才放下戒备。

姐弟俩并非一直友好，有时也会争吵到不可开交，甚至为某件事情翻脸绝交，说着赌气斗狠的话，各回各家。但很快就会重聚，头挨头“咯咯”笑起来，各自讲班里的趣事，彼此交换小零食，甚至比从前更亲密，根本不用大人操心。他们，是自己那个小世界的主人，种花种草随意，哪怕被荆棘刺破手，也会相互包扎。

眼下快要期末考试了，两人互相给对方听写生字。我与朋友在阳台看花，忽然记起前事，便问：“你那天在餐厅要挟我，说数到一百，我若不答应，你会怎样？”

朋友狡黠地笑：“我就跪下来求你，让全餐厅的人都看见，你怎样把一个体面的朋友逼疯。”

我怒道：“你这奸人，阴险歹毒，我数到一就绝交！”

里面的小朋友抗议了：“大人别闹，安静点。”

我们乖乖住嘴。此时，阳光明亮，植物安然，如顾城所说：草在结它的种子，风在摇它的叶子，我们站着，不说话就十分美好。

第 20 个故事 ▶▶▶

愿你被这世界温柔相待

真感激这位陌生男孩，他犀利诚实的文字，如大风清扬、白雨骤降，驱浓雾，洗尘霾，令我看到最坏的自己，也让我奋力拔足，向着最好的自己进发。

周末中午，我在家看一个男孩的微博日记，简直乐翻天。他这样描述妈妈：我妈，对待外人，拥有两百岁的淡定和宽容，永远温良谦让，不争不怒，像植物吐露芬芳，不倦不休，她温柔地对待整个世界。

还是我妈，在家里，十二岁的头脑，三乘三亿吨负能量。抱怨，抱怨，抱怨……物价、交通、天气、她的工作以及我忽上忽下的成绩，都能让妈妈抱怨不休。真想帮助她长大，真想告诉她：在家里，妈妈就是我的整个世界。

我喝声彩：好文笔，真想有一个这样厉害的儿子！大脑一转，心里忽然咯噔一下：这这这，写的不正是我吗？难道真是我儿子？气死我了！我拍了一下桌子，继续翻阅微博内容，从中寻找蛛丝马迹。有了！初三年级，双子座，爱篮球，爱火影，爱网游，恨早起，恨理发，恨葱姜蒜。

果然，证据确凿，如假包换，真是那无法无天的坏小子！我拍案而起，想大喝一声，把他押过来，打他，骂他，然后罚他背诵七千遍忠孝礼义。

可是，慢着！难道我不是那样的人吗？假如说真话的孩子都该被打手心，那么十年后，社会上将挤满说假话的大人！

我头痛欲裂，喝口水，命令自己平静下来，闭上眼，细细反思。

儿子微博上所写，俱是事实，并无夸大。我在外刻意做人，努力维持好人形象，但在家人面前，焦躁任性，不懂得控制情绪，还美其名曰真性情……

越想，我的脸和耳朵越烫。咬咬牙，睁开眼，继续读下面的内容。最后，我鼓足勇气，点开那些言辞激烈的评论，感觉真是万箭齐发，箭箭穿心。

我用手撑住头，嘟嘟哝哝：原来，我这么糟！老公常年在外工作，我释放的情绪阴霾，笼罩了我儿子十多年，他能长到一米八，能吃能玩，能写会算，还真是奇迹呢！

我像一个行驶中的司机，带着孩子，轰隆隆开过漫漫长途之后，忽然发现方向偏差，非修正不可。虽然改变自己，痛过剥皮，可也不能耍赖放刁，一生就那样错下去。

我停止了在家里的抱怨。怨了那么些年，也没怨出花来。可一停下，觉得胸口被黑色淤泥塞满，马上就要爆炸开花。我忍完又忍，觉得耐心就剩一格，在家里还好，在外边的好人形象快要维持不下去。

最奇怪的是，那个微博居然停止更新了。我期盼儿子会在那里表扬我，给我喊声加油。可他竟一声不响，这到底是怎么了？不管了，就算没有掌声也要拼命跑，非得跑过旧我，才能赢得新我。

这一周，老好人终于爆发了。当邻居习惯性占我车位时，我放弃隐忍，直接上楼拍门，请他把车停好。办公室的那位男同事，照例把两人合作的工作推给我，自己去网上“斗地主”。我一反常态，据理力争，弄得他瞠目结舌，只好悻悻接下自己那份工作。周末，那位远房表妹又来推销某项三无保健品时，我不再敷衍地掏钱，而是明确表态：先前买的都扔了，此后不要再骚扰我。

儿子冲我竖起拇指：“妈妈好帅！你从前只敢在家里抱怨啊！”我要深深吸一口气，才有勇气说：“对不起，以前是我错……”

从前的我，在外面一味地逃避矛盾，只图与他人和气，却将怨气释放在家中，伤害到小小屋檐下最亲近的人。

说到底，这些年来我一直未学会与人相处，内心深处仍是一个孱弱的小女孩。如果不是儿子微博的提醒，我可能还在拒绝成长。

儿子却一口咬定，他根本没什么微博。我愣了一下，忽然想到：哄着孩子说出真相，然后再秋后算账几十遍，这也是我昔日抱怨中的一项重要内容。我此时才领略到：种下兰花，收获幽香；种下荆棘，收获阴影。

我要后退一步，才渐渐看清自己。我愿意一直努力，直到拔出孩子心里的刺，让他看见并感受到我全部的诚意。

电脑中毒，儿子成绩退步，工作出现瓶颈……我不再像个冲动的孩子般在家中捶胸顿足，气到眼泪乱飞。这都是生活常态，有什么好怨的呢？我过去的口头禅是：烦死了，气死了，讨厌死了……其实，人哪有那么容易死？我无限放大了生活中的小烦恼，令自己焦躁不安，也令孩子郁闷不堪，整个家都雾霾重重，而我却全不知晓。

现在，如果朋友打电话来诉苦，只要超过十分钟，我立即劝阻，不像从前，耐心倾听到手机没电，还负责陪同叹息哀怨甚至落泪。我不让坏情绪影响别人，也不想被别人的坏情绪感染。我们都是大人了，没有理由赖在烦恼里不出来，只要想逃生，总会找到通道，而诉苦成瘾，坏过吸毒。

生日那天，儿子替我订了一盒巧克力蛋糕。点燃蜡烛后，他拍拍我肩：“祝贺妈妈长大了，不再像个天天翘着嘴生气的小小孩，太吓人。”我看着他的眼睛说：“对不起，我过去做得那么坏，谢谢你用微博帮助我……”他笑嘻嘻地回答：“我没有微博！”哼哼，还是不信任我！看来，我还要加油。

如今，我跟邻居与同事关系还挺融洽的，表妹也还上门，只是不再缠着我买保健品了。从前，我微笑恒久，腹诽不断，只能对着儿子发火抱怨。现在大家坦诚相处，彼此谦让，倒比从前愉快轻松。

那天快下班时，我身旁的女同事忽然大惊小怪：“哎呀，你快来看，这微博一定是我儿子写的，看我不揍扁他才怪……”我俯身过去，不禁掩住嘴：这不就是我以为是我儿子写的那个微博吗？

同事激动地用手指点着屏幕：“爱篮球，爱网游……恨理发……你看你看，不是他是谁？”我忽然意识到：这是中学男生的普遍特征啊！也许，真的不是我儿子。可我们这些妈妈，说话行事大同小异，连犯错也雷同，所以才会一见惊心，对号入座。

我按住怒气冲冲的同事，讲了我这些日子的经历。她坐下来若有所思，不再喊着要打要杀。我想：可能，又有一片天空要变蓝了。

春节时，那个微博终于更新了。博主贴出近照：利落短发，端正眼眉，是个挺可爱的男孩。不是我儿子，也不是同事儿子。

真感激这位陌生男孩，他犀利诚实的文字，如大风清扬、白雨骤降，驱浓雾，洗尘霾，令我看到最坏的自己，也让我奋力拔足，向着最好的自己进发。

只是，他的妈妈改变了吗？

我给他留言：亲爱的小孩，愿你被这世界温柔相待。

第 21 个故事

长着大人身体的小孩

这是个温暖的尘世，我必须学习做一个真正的大人，妻才会看到花开，儿子才会安安心心做个单纯的小孩。

晚餐实在合意，灯光温柔，鲜花在瓶里静静开放。我幸福地舒口气，点着一支烟，打开游戏。

儿子在隔壁叫："爸爸，这道题好难啊！"几乎是同时，妻在厨房抱怨："咦，抽屉怎么又卡住了？"

我双手不停，嘴里清晰地给出建议："儿子，爸爸知道你是维修高手，快去制服那个妖怪抽屉，难题去找妈妈，她是数学皇后。"

半小时后，抽屉变得顺滑无比，难题已被引导出思路，并且游戏也赢了。我得意地说："看来我智商富余太多，应该拿到淘宝上卖掉一些。"儿子回答："我想买一个勤劳的爸爸，不太聪明也可以的。"妻在一边笑出声。我正告那小子："笨爸爸的基因会让你成为笨小孩。"儿子咕哝道："不会的，妈妈智商高。"

这小子，平时最崇拜我，今天怎么一直挑衅呢？一疏忽，我竟然被对手杀死，为雪奇耻，只能洒脱地一摆手："算了，我大人不计小人过，不跟你争了。"

在电影电视里，谦谦君子，总被一个小人牵着鼻子走，没想到聪明如我，也会遇到这种事。

周末，妻倒班，我欣然去赴朋友的麻将局。儿子捧个本子拦住我，说班级搞了一项活动，叫"家庭真人秀"，记录家人的生活，写好了要家长签字。我习惯性地一挥手："等妈妈回来签，她天天写处方，签名最帅啦！”儿子说：“老师说各签各的，不能替代。”

我挠挠头，打开本子，看到第一段就傻眼了：我爸吃得多，干活少，除了上班之外，回家就是玩游戏，周末总是喝酒或打麻将，谁的话也不听。我觉得，他是个长着大人身体的小孩。

我急得挥动双手：“爸爸身上那么多亮闪闪的黄金，你为什么偏偏挖点黑煤出来给老师看？”儿子说，后面还有呢！

我爸爸对小动物非常友善。晚上家里飞进来一只长相奇怪的大虫子。虫子蹲在他头上嗡嗡叫，站在他衣领上挠痒痒，还试探着想飞进他鼻孔里。我爸打了十几个喷嚏，仍然坚持玩游戏。最后，我和妈妈绕着爸爸的头，把怪虫子赶出窗外。这时，爸爸跳起来鼓掌：“太棒了！这场我赢了！”

我啼笑皆非，我一直教育儿子要诚实，他的确够诚实。

我尴尬地笑道：“儿子，真人秀里的‘秀’是虚构的意思……”儿子听话地点头：“那好，我虚构一个。”

儿子很快就虚构好了：妈妈是医生，周末也要去上班。爸爸正在为我们做饭，他做的米饭很香，素炒青菜也好吃，最棒的是糖醋排骨和红烧鱼。一想到等一会儿就能吃到香喷喷的午餐，现在就幸福得直想笑呢！

这时手机响起来，朋友催我快去。我心急火燎地要签字，儿子翻过一页：“结尾在这里。”

结尾是铅笔写的：上面都是虚构的，其实我很少吃到爸爸做的饭。现在，爸爸正急着去打麻将，我要等妈妈下班回来，才能吃到午饭。

我像被火烧了一样跳起来：“小子，我认输！”我头也不回地冲进厨房，挥舞着菜刀，开始做那最棒的糖醋排骨和红烧鱼，幸好食材都是妻昨天买好的。

不是吹牛，我做饭真有天分。儿子埋头苦吃，妻吐吐舌头又添饭："太好吃了，明天再节食吧！"但这忘恩负义的人，一进厨房就尖叫起来，指责我把厨房弄成了猪窝。

儿子冲进去，只在妈妈耳边说了一句话，妻就停止了喷火，默默收拾残局。

我震惊半晌，问儿子说了什么，他边擦桌子边说："我就问了妈妈一句，明天还想不想吃爸爸做的饭了。"我惊诧道："明天我为什么还要做饭？"儿子点头："我已经擦掉那个结尾，改成爸爸每个周末都会给家人做好吃的。"

我迅速闭嘴：只是周末而已，没什么大不了。

这个家庭生活记录本，变成了一台无情的摄影机。为了做个体面的爸爸，无法过足游戏瘾，不能耍赖推掉家务，还要抽空陪儿子踢足球，有时还要翻翻书架上的笛卡儿或海德格尔。

我安慰自己：好爸不吃眼前亏，不过一个学期而已。

最近，妻也有了变化，不再是疲惫不堪地沉着脸，天天有说有笑，竟然还留起了长发，化着淡妆，仿佛又回到了大学时的温婉模样。

我禁不住想：老师苦心孤诣地设计这个活动，还是有一定意义的吧！

终于要放寒假了，我抢着去开家长会，这也大大出乎妻的意料。自从那次我打麻将忘记家长会，她就再也没有让我去过。

我坐得笔直，又激动又骄傲，等着老师的表扬。可令人奇怪的是，家长会已到尾声，始终无人提起这项重要的作业。更蹊跷的是，那个记录本居然静静地躺在儿子的抽屉里。

散会后，我忐忑地去问班主任。她翻阅着记录本说，班里从未组织过这样的活动。看了几页之后，老师忽然用和年龄极不相称的步子跑起来，连连喊着：“校长，校长！”隔着窗玻璃，我看见老师挥舞着那个本子，向校长讲述着，然后，两个花白的脑袋迅速凑在一起，兴奋地在本子上指指点点……

我终于反应过来，我上了儿子的当，而且是整整一个学期。我太相信他了，这个小人！

我的手有点抖，要过一会儿才能发动车。我进门的时候，儿子站在客厅里，一声不响地看着我，似乎已经做好了被拆穿的准备。我质问他是从什么时候开始学会说谎的。

他沉默了一会儿，说：“从妈妈不爱你的时候开始的。”

我一惊：“胡说八道！”

儿子说：“你没有发现吗？从去年开始，你玩游戏到天亮她不管，你夜里抽满一大烟灰缸的烟头她不管，你喝再多酒她都像没看见……”

停了一会儿，他又说：“还有，妈妈再也不往家里买花了，我买来的花她也看不见……同桌说，她的妈妈就是这样走掉的，到现在还没有回来。”

我看着面前的小孩：细长的脖子，泛红的眼眶，睫毛在眼窝处留下浓密的阴影。他看上去很小很小，就像那个从自己的星球来到地球的孤独的小王子。

我的心猛然抽搐了一下：这个年龄的孩子，不是应当傻乎乎地到处闯祸让大人头疼吗？不是还在为漫画书、巧克力、滑板车而撒娇耍赖吗？至少，也是相信圣诞老人会半夜来送礼物吗？

焦虑让他迅速“成熟”，恐慌让他变成充满心机的“小大人”。他用尽全力试图拯救这个家庭，而我，竟然愚蠢地质问他为什么说谎！

这是个和平年代，不需要我为家人挡子弹、排地雷，他们只不过希望我能分担家务，有个健康的生活方式。但我却自私地拒绝长大，任性地推开责任，才迫使孩子用这样的方式一次次地提醒我。是我委屈了爱，我才是那个不折不扣的小人。就像孩子那双敏锐的眼睛看到的真相：爸爸只是一个长着大人身体的小孩。

我抱住这个饱受惊吓的孩子，轻抚着他的后背，一遍一遍地说对不起。

门忽然被打开，做完护肤的妻回来了，她笑盈盈地带回来一束幽香的梅花。

我用力抱住他们两个，眼睛湿湿的。妻吃了一惊，举起花。此时，我能听见最亲爱的家人的心跳，也听得到头顶盛开的红梅在大声笑。这是个温暖的尘世，我必须学习做一个真正的大人，妻才会看到花开，儿子才会安安心心做个单纯的小孩。

第四章

世上只有认输的男人，哪里有认输的爸爸！我要让孩子知道，这个普普通通的男人，也一样能成为他此生最大的骄傲。

Chapter 4

天下第一老爸

第 22 个故事

如果没有笑，人生多荒凉

生命中除了健康、工作，还有笑。笑不能止住地震，不能拯救地球，不能拉来五百名客户。可是，如果没有笑，人生多荒凉，连老爸都没资格当。

我是个严肃的人，觉得世间没什么好笑的事。无论是春晚的小品，还是糗事百科的笑话，我都像看新闻一样，从头到尾正襟危坐。同事说我什么都好，就是天生一张扑克脸。妻说我是世界上最要脸的人，生怕笑一笑脸皮会掉下来，被猫叼走。

我并不打算改变自己。一个人如果身体健康，工作勤奋，幽默与否并不重要，生活质量与面部肌肉牵动的次数无关。我认为，笑不能止住地震，不能拯救地球，也不能拉来五百名客户，我干吗要拥有这种无用的本领？

我不仅不爱笑，女儿出生时，我差点没跟她一起哭。护士以为我高兴过头，其实我是内疚加恐慌。婴儿长得像个小老太太：脸皱发稀，肿眼睛，红皮肤，外加一个长长的脑袋。天哪！相信她一懂事便会缉捕老爸，基因问题是赖不掉的。

我终日惴惴不安，活像个逃犯。

神奇的是，才过几个月，这丑小孩就变了三十六变，现在她粉脸如荷，双目晶莹，头发乌亮浓密，不逗也会冲人笑。

我心下大安，不免喜形于色，竟然嘿嘿笑出声。

孩子姥姥顿时紧张，迅速进了里屋，给女儿打电话。她耳朵背，自以为说的是悄悄话，却震得人耳朵嗡嗡响："你快点回来吧，孩子她爸爸，有点不对劲，对着孩子直笑！"

这是什么世道，难道我笑一笑，就要被视为妖异？说话间，女儿又笑，我也想笑，见岳母目光如电，立即讪讪地放下扑克脸。老太太手抚胸口，长嘘一口气。

晚上说给妻听，妻拥着孩子笑倒在床上，这银铃般的声音，直撞到我心底。我愿意听着这笑声，活到一千岁。

从此，我的生活，由铅笔画变作油画，色彩淋漓，天地生辉。看我的宝贝，她哭、她笑、她打喷嚏、流口水，全部胜过任何精彩小品，让我笑到下颚酸疼。

可感冒偏爱幼儿，等到她病、她咳、她疲乏之时，我的天空墨云翻滚，惊雷闪电；可一旦她烧退、咳止、痰清，我如度过劫难，手舞足蹈，呵呵哈哈只管胡笑。

妻说我已半疯，可岳母见惯不惊，并未打算报警抓我。此时的我，在公司也笑口常开。同事嚷嚷说我一定中了巨额彩票，而客户们则认为我升职指日可待。他们哪里知道，将我整个人换血的只是个小女孩。

女儿三岁半时，因肺炎住院，高烧不退。我守在她床前，削苹果，喂白开水，拿糖浆。她有气无力，嘴唇皮粘在一起，不想吃，也不想喝。我问孩子想要什么，问完又后怕，因她平时常恳求我：爸爸你给我生个妹妹好吗？爸爸你飞给我看好吗？这些事做起来真是难死人。此时，她想了一会儿，说：“爸爸给我讲个笑话吧！”

我的脑子轰的一声，这个要求不过分，可我真的不会讲笑话，这是我的死穴。我大汗淋漓，像回到中学考场，遇到不会解的题，而要命的铃声就要响起。

我手忙脚乱，拿过手机，点开里面的笑话音频。背景笑声一响，女儿立即烦躁地闭上眼睛：“不不不不不！”我双手交握，恨不能立刻将自己变得幽默可爱，出口成章。但是，我变不了，我没有变身器。

女儿疲乏地喘息，望着她通红的脸，我怒斥自己：你这笨蛋、废柴、小人，平时只管享受女儿带来的快乐，关键时刻，你不能镇她痛，解她热，竟然连个笑话也讲不了！呸，怎配当人老爸！

我去网上搜索：怎样讲笑话，怎样成为一个幽默的人，怎样……这时，我听见女儿叫我，她以手抚额，低声说："爸爸快拿红薯来，我头好烫，一会儿就能烤熟！"我笑起来，用湿毛巾给她降温。她说："毛巾会烧着，要灭火器才可以。"

我又笑，女儿才是幽默天才，真恨不能拜她为师。我笑啊笑的，心里却疼得发慌，觉得脸上痒痒的，一摸，满脸的眼泪。

我们俩隔着输液架讲话。讲我小时候的故事，爬到树上摘桑葚，捉到一只小鸟，用弹弓打麻雀，竟然打歪自己家的烟囱……我们俩笑啊笑，笑啊笑，最后，她睡着了。我轻轻将手覆在她额上，不烫，我又摸她小手，不烫，我用眼睛贴住她脚丫：真的不烫！

晨曦水彩般染蓝整间屋子，窗外的鸟，叫一声，停下，再叫，一只绿翅膀小虫，在纱窗上奋力向上爬。多么美好的早晨，我全身有喜悦充盈，竟然不觉困倦。

自此，我开始留意生活中有意思的人与事，留意书报中有趣的文字，我试着用幽默的语言与人交流，一改从前的严肃拘谨，屡屡被上司夸赞。现在我知道，生命中除了健康、工作，还有笑。笑不能止住地震，不能拯救地球，不能拉来五百名客户。可是，如果没有笑，人生多荒凉，连老爸都没资格当。

到年底，我得到了梦寐以求的升职。我要大大地感谢女儿，问她吃麦当劳还是肯德基，她考虑了一会儿，认真地说："爸爸，你还是给我生个米老鼠吧！"我温和地回答："给我时间，我愿意试试。"

第 23 个故事 ▶▶▶
青菜先生和巧克力国王

我愿他在成长的过程中，见识过晴明，记得风居住的街道，长大之后，能好好地对待自己，也能心平气和地对待周遭的人与事，不怒不躁，以一颗柔韧之心行走在漫漫时光里。

你要是有一个儿子，像杨柳青年画上那样圆嘟嘟，虽没有红肚兜与冲天辫，可看一眼也心甜意洽，万事顺足。年画外的娃娃不停地长胖：淀粉、糖、油、肉是心头好，蔬菜是三世仇人，见面就横眉竖目哇哇叫，你要怎么办？

开头我演，像影视剧本里最好的父亲：幽默、智慧、豁达。我亲自示范，食草动物般大口咀嚼蔬菜，诉说有一年在国外做勘探工作，终年吃不到新鲜绿菜，手心脱皮手背皴裂，甚至讲到开发新大陆的勇士们，因为没有蔬菜可吃而殒命的悲惨故事。

娃娃热泪盈眶，用胖手抓起菜叶糊到我脸上，并说了些只有亲密的人才能听懂的话，翻译出来是这样的：“爸爸，以后所有青菜都是你的，巧克力都是我的。你是青菜先生，我是巧克力国王。”我勉为其难地鼓掌，粗纤维卡在嗓子眼，眼泪欲出。

讲实话，蔬菜吃起来真的不够愉悦，无论颜色多翠，姿容多优雅，都无法取悦肠胃。《水浒传》里有花糕也似的好牛肉，《红楼梦》里有庐雪庵的烤鹿肉，连《史记》里樊将军吃的生肉都令人觉得有滋有味，而《西游记》中的桃梨瓜果及素餐，却无法引起人的食欲。

我想，要让儿子爱上蔬菜，恐怕我得做个名副其实的青菜先生。我心意如铁，知行合一，很快就到了吃菜不眨眼的地步，但这并未打动儿子。这么一拃长的小孩，硬是不服我的大智慧。

于是我骗，拿过蓬着头的花椰菜、神气活现的胡萝卜，趁其不备，一刀剁翻，斩成碎泥，混进肉里，打入油与糖的队伍里，装扮成淀粉的亲戚，试图混过火眼金睛，拯救沦陷的小孩。但这名幼儿味蕾过于发达，他舌头如灵敏的探测仪，青菜成泥也认得出。他呸呸呸吐出菜泥，冲我委屈地大叫："青菜先生是坏人！"

是，青菜先生是阴险小人，枉费心机，徒留笑柄。

图穷匕见之际，朋友从远方打来电话，说偏头疼发作，多亏在朋友圈看到儿子照片，竟然被这小可爱治愈了。我一迭声地说："送你送你！叫你知道巧克力国王的厉害！"我告诉他：相册里的小孩大都乖巧干净，聪明活泼，任谁都想拥一名在怀中，享受人世欢愉。哼，到你劝他吃菜的时候，就知道一个父亲的狼狈了。

我告诉朋友，事到如今，我所有的修养、志气、自尊都化为尘泥。如果他肯吃菜，我可以从青菜先生降级为青菜小厮。可这只是我一厢情愿，他不吃菜，就是不吃。朋友脱口而出："那是小孩欺负大人没脾气，吼几声他就会怕，再打一顿就吃了。这也是为孩子好嘛！"我恨恨道："你这野蛮人，应该送去原始社会打猎叉鱼，而不是在文明社会宣扬暴力。"朋友坚持己见，我也毫不退让，不欢而散。

我回头瞅瞅儿子：圆滚滚小肚子，圆鼓鼓腮帮子，年纪小怎样都可爱，如果一直胖下去，那可就是青菜先生的失职了。我愿意他开心，愿意给他世上最好的东西，但我也知道味蕾不能代替大脑，他此刻最讨厌的事物，恰是他发育中最需要的东西。

我死皮赖脸贴他身后，唧唧复唧唧地劝说。他舞动双手，呜呜呜发出大老虎扑人前的警示。

我苦口婆心，几乎献上一篇出师表：菜菜肉肉，皆为兄弟，爱憎喜恶，不宜异同。亲肥肉，远蔬菜，此乃祖父之所以三高（高血压、高血糖、高血脂）也；亲蔬菜，远油脂，此乃汝父之所以高帅也。

可是，他不吃菜，就是不吃。

我也曾死缠烂打，低三下四一勺一勺追喂；也曾冷酷无情，不吃就饿着。我甚至修改了所有童话故事的情节：因为不吃胡萝卜，小兔子乖乖视力不够好，错认大灰狼为亲娘，欢呼雀跃开了门；因为花果山盛产水果，孙悟空才有力量七十二变，一个筋斗翻十万八千里；因为奥特曼吃肉太多，变得臃肿，飞不起来，致使东京沦陷，地球告急……

但是，这一切并不起作用，这小孩拒绝合作。盘子里的蔬菜辗转流离，最终归宿仍然是青菜先生的胃。那一刻，我的脑子里闪过无数不伦不类的千古绝句：花谢花飞花满天，我家小儿不吃菜；天门中断楚江开，青菜先生是废柴；我家小儿吃菜日，家祭无忘告乃翁……

我长叹一声，到今日方知人生艰险，机关算尽，也不能令这小孩亲近蔬菜。

手机铃声响起，接通电话的我顿时喜上眉梢：出差的妻子即将归来，我不再是孤独战斗的勇士，救兵来了。

妻听完青菜先生的故事，并未忧心如焚。午餐时，她并未使用什么特别的招数，只是随随便便夹一堆菜叶，顺手丢在儿子的饭碗里，没有承诺甜品，没有以玩具诱惑，甚至连一个像样的笑容都没有，就让这小孩乖乖吞下所有青菜。我目瞪口呆，仿佛看见一个深藏不露的武林高手，随意挥挥衣袖，便攻下九重城阙。

可怜天下父亲心，我家小孩已吃菜。原来，他只肯吃妈妈给的蔬菜。他不爱我，这到哪儿说理去呢？我羡慕得双眼泛红，嫉妒得走路撞到冰箱。伤心人大都糊涂，我把电视遥控器当作手机带到办公室，娱乐了一众同事。自此，青菜先生这个名号在江湖上湮灭。

又到岁末，儿子大口吃菜，长势喜人，爸爸频繁加班，眉塌眼瘪。

好容易挨到周末，预备大睡三百回合，梦中听见哭泣声，我强睁睡眼，这一惊非同小可。

平时总是捂眼假哭的儿子，此时号啕不止。原来，小人儿见我睡得像根咸菜，捅鼻子揪耳朵都无反应，以为爸爸死了。

我连忙抚慰，发誓还要再活六十年。没想到这句话惹下了大祸，听说我终究会死，他从床上滚到地下，哭得满头热汗。抱着这样一个刚出锅的肉包子，青菜先生感动得泗涕交流，发誓要与天地齐寿，与日月同辉，修炼成一棵不老不死的青菜妖仙。

妻又是笑又是讶异："我上次出差回来，也是这样的睡法，可儿子并无这样激烈的反应呀，可见他是爱你的。"

我讶异："那他为何对你言听计从？"

妻侧着头想了一会儿，说："我明白了，他信赖你才会撒娇耍赖，表现出幼儿最真实的一面。而我经常出差，脾气像朝天椒，孩子表现得乖巧听话，其实是一种戒备与疏离。"妻面有愧色，说以后争取少出差，不急躁，要做个耐心的青菜妈妈，才配得上青菜先生呀！

可朋友却表示反对，他说那些站在巅峰的成功者，大都有一个虎妈或狼爸，青菜先生是行不通的。我回答："这世上有许多美好的事物，美好的人，并非只有站在巅峰才可看见。我不是虎爸，不是猫爸，是儿子认识这个世界的向导，愿意以温和的方式与他分享人生经验。"

所以，我愿他的好品质，没有打上紧张与戒备的烙印，没有衍生出惊恐与绝望，而是从温柔青翠中习得，从泥土的护佑与晨露的呼吸中习得。我愿他在成长的过程中，见识过晴明，记得风居住的街道，长大之后，能好好地对待自己，也能心平气和地对待周遭的人与事，不怒不躁，以一颗柔韧之心行走在漫漫时光里。

第 24 个故事 ▶▶▶

我是这位美女的爸爸

一朵云的重量，堪比一头大象，你知道它为何不会掉下来吗？因为下面有暖流托住。小小的家，就是这股有力量的暖流。

我女儿快三岁了，她开口说的第一句话是“爸爸”。她在脚丫上认真作画，奶奶喝彩：“这大冬瓜画得好！”她答：“不是大冬瓜，是爸爸！”多可爱！

不管谁问：“家里谁最好看？”她的答案永远是：“爸爸，爸爸，爸爸！”我乐得想飞，只觉岁月长，天地宽，有女万事足。

我的烦恼，是从妻外出培训开始的。平时公司忙得像救火，此时终于轮到我休假，我打算好好做个出色的全职爸爸。

因为某部动画片，女儿念念不忘要骑马。这次，我特地带她去近郊草原。可准备骑马时，牧民大叔不同意了，他比画着：“这个漂亮小人没关系，你一上去，就会把我的马压弯变成骆驼……”最后，还是由朋友带着女儿骑了一回。

平日大大咧咧的我，忽然有些忐忑：我是否该减肥了？可是一看见鲜美手抓肉，立刻将三魂七魄都交与餐盘。

回来后，女儿就要上幼儿园了，这可是我们家头等大事。我牵着女儿的手，送她去报到。老师爽朗地招呼我：“您是孩子爷爷吧？孙女那么漂亮，真有福气！”

我瞠目结舌好一阵，才要解释，一见周围来来往往的家长和小朋友，心里头一次有了怯意，含糊笑笑，低下头去。

悲剧并未谢幕，高潮还在后头。星期天，我带女儿去游乐场，一位卷发小男生大声叫她名字，并礼貌地招呼我：“奶奶好！”我几近崩溃：难道人一胖，连性别年龄都错乱了吗？

我深深自卑：如果此时澄清，女儿颜面何在！叫人人都知道，她有一个又老又丑的爸爸！

妻回家时，我愤愤诉说，几乎声泪俱下。她笑到咳呛，把我拉到镜子前：“你不老，也不丑，只是比较胖，穿衣品位差而已！”

我愤怒：“你落井下石，嫌弃我！”

她又笑：“忠言逆耳！”

我翻出从前的照片，几乎受到惊吓：那样一个水仙少年，也会变成如今的大冬瓜。这些年，电脑成了我身体的一部分，整年累月地坐坐坐，腰与小腹异军突起。工作之余，吃成了我热爱生活的唯一凭证，终于吃到年龄不清、性别不明，连大叔都没资格当，只能选超大码衣服蔽身，何谈品位！就算是全球顶尖的设计师，叫他为大象设计时装，可能也会打滚撞墙吧！

如果女儿再长大一点，一个将近两百斤、衣着品位烂到极点的爸爸，会否让她难过？

我爱她，愿意为她挡子弹。可我少吃一口就觉得如堕地狱，尝到美食犹如升上天堂，让我节食，等于每秒被杀死一次啊！

不胜烦恼的我，打开一袋薯条和一罐饮料解忧。妻劝我，不如先戒掉垃圾食品。我跳起来：“你们这些万恶的瘦子，专把世间美味定义为垃圾，把拖布一样的东西称为健康食品……”

她不理我，自顾自说下去：“这段时间，女儿大开眼界。你唐诗宋词、天文地理，无所不通，她崇拜极了。”我眉开眼笑，灵魂升空。

“可女儿跟着你吃快餐，吃大鱼大肉，已经口腔溃疡，并有口气……”我又要跳，她指指小卧室，示意女儿已入睡。我只好乖乖坐好，不再乱跳。

“孩子爱你且崇拜你，会学习你的勤奋和善良，也会模仿你的饮食及穿衣。”

这句话令我打了个寒战，我软弱地抗争：“不要试图用爱控制我。”妻平静地说：“你是成人，请自控。”我放下薯条和饮料，伤痛欲绝地回答：“是。”

饿！我睡不着，坐在阳台上，满空星光荡漾。此时，比星光更澄澈的是一个胖子的灵魂，是一个伟大父亲身心散发出的温柔光芒。我默默闭上眼：月光甜糯可口，虫鸣酥脆甜香，南风清冽芬芳。我默念：我不饿，我不饿……

早餐的浓甜咖啡换成清茶，夹黄油肉片的面包变成抹布样的全麦面包，花椰菜绿着张巫婆脸。谁要吃这些！我正准备嚷，女儿偎依过来，一下子，金色朝霞映亮玻璃窗，我心情大好。“爸，妈说你要减肥，真的吗？”她鼓鼓脸颊似玫瑰花苞，唇上染着牛奶沫子。我的心完全融化，万死不辞地回答：“真的！”

回到办公室，我一鼓作气，将半抽屉零食分送同事，连来清洁的阿姨也获赠一大袋成吉思汗牛肉干。听着众人的咀嚼声，我恶狠狠地干掉一杯又一杯白开水。

午餐时的饥饿折磨，痛过失恋、落选、解聘。周围餐馆的特色菜，在我脑中鲜香热辣地旋转，它们早已刻在我的肉里、骨里、血液里。我推开妻为我准备的蔬菜水果与米饭，不顾一切地冲进餐饮街。此时，神鬼也阻不住我了。

忽然，我瞥见一位胖界小同人：男，十岁左右，正怒发冲冠，捶打路边栏杆。

我急急刹住脚步，问他缘由。胖子是信任胖子的，他说，刚刚吃饭时老爸作弊，明明吃了六个包子非说是三个。说着，他的四重下巴一齐抖动：“说好一起减肥的，鬼鬼祟祟的大人！”他泪在眼眶，拳头红肿，我惊得肠鸣静止。大人最爱敷衍小孩，言行颠倒，又老着脸皮不认错，实在油滑。想起早餐时对女儿的铿锵作答，我双手交握，使劲将自己拽回办公室，凄惨地服用了那份绿色午餐。

这样挨过一周之后，我觉得自己变得轻飘飘的，一只蚂蚁都可以踹飞我。

我简直可以头朝下走路，也可以横着飘浮。从前，我因为懒得走路，常把电脑椅当轮椅那样坐到卫生间，成为整栋楼的奇人。现在，我不乘电梯，每天沿楼梯颤巍巍上下，直爬得双腿发抖。

在跑步机上煎熬的时候，我不断告诉自己：女儿下次画我时，我会是另外一个样子；放暑假时，要带女儿再去骑一次马，决不把人家的马压弯成骆驼；我要让全世界都知道，我是这位小美女的爸爸，不是什么爷爷奶奶！

女儿穿着小睡衣，蹲在我膝前，仰起晶莹小脸对我说晚安，我所有的饥饿与疲惫都被这样的目光溶解掉。世界变得很小，很亮，很温煦。

我是猪，也要学习飞，不是因为要变轻，而是因为要变重。我比任何时候都看重我的婚姻与家庭，看重我的孩子。当猪会飞时，它已经不是猪，是白云。一朵云的重量，堪比一头大象，你知道它为何不会掉下来吗？因为下面有暖流托住。

小小的家，就是这股有力量的暖流。

漫长的冬天终于过去，风和，日暖，花海涌动。

幼儿园要举办迎春会，女儿要参加一个集体舞蹈的表演。我脱掉羽绒服，竟找不到一件得体的衣服，那些休闲装通通像道袍般宽大滑稽。我特地去商场重置春装，并修剪了一个精神的短发。

啊，时间来不及了，我跑得领带都飞了起来。我一直跑到幼儿园，幸好没有迟到。女儿的那个集体舞登台了，小朋友们跳得如痴如醉，音乐都结束了，他们充耳不闻，继续跳。家长笑得流泪，拍手帮他们伴奏。

迎春会结束后，有位卷发小男生跑过来，要求跟女儿合影。他说："我知道你是谁！"我一惊，也认出了对方，他就是那位曾经叫我奶奶的同学啊！小男生指着女儿笑："你们长得太像了，他是你哥哥对吧？你哥哥太帅啦！"

这一瞬，我心跳，目眩，兴奋得像氢气球飞到了云海深处。

只是，只是，我努力了那么久，仍然不是这位美女的爸爸。

第 25 个故事

真心去爱一个人

我喜欢听她说话，像粉色蔷薇轻抚长满厚茧的心；我喜欢听她笑，像金色蔷薇映亮平淡人生。我终于明白，这才是值得我用生命去交换的东西。

妻提出离婚。

我又惊又怒：“有话好好讲，不许耍流氓，不许动用核武器！”

女儿蔷薇嗲嗲地插话：“栗子的爸爸妈妈离婚三天了，她现在住奶奶家……”

我悲愤地转向妻：“听，听！孩子失去快乐，老人沦为保姆，多惨痛。”女儿羡慕地说：“才不！栗子奶奶给栗子买了一只小狗，叫快乐，特别可爱。我要小狗，汪汪汪！”

妻忍俊不禁，笑弯眼睛。我松口气，佩服女儿神通广大，让飓风过去，家园无恙。

蔷薇忽然想起什么似的，骄傲地抬起头：“老师夸妈妈发型漂亮，说我的头发也是女生中最好看的。我说都是爸爸剪的，他小时候剪过羊毛，现在特爱给我们剪头发。”

妻指着女儿，笑得说不出话来。家里有个爱发言的小孩，人人都能活到九十九岁。我趁势凑上前请假：“今晚有个饭局，是重要客户……”女儿学着我平时的腔调：“要不喝个痛快，酒神都会怪罪的。”

我假装糊涂，去门口换鞋，皮鞋里却插着一卷纸，赫然竟是离婚协议书。我倒吸一口凉气，举起双手：“报告大王，我要戒酒。”女儿跟风：“报告大王，我要小狗。”孩子一插入，寒流又变暖阳。

我自命酒星人，既爱一人独饮，也爱呼朋唤友，酩酊大醉时，半夜会在楼道乱吼“醉卧沙场君莫笑，笑渐不闻声渐悄”，女儿总批评我背错。为我戒酒，妻试过一千零一种方法，如今她恒心见底，想抛弃我。幸亏我识时务，主动提出戒酒，才保住温馨小家。

晚餐吃葱油拌面，我下楼去超市买葱。说来也怪，一离开妻，酒香就来勾魂，我的脚自动背信弃义，坚决不朝着有葱的方向走，只向着有酒的地方飞奔。

那天晚上我喝得非常痛快，最后，是在医院里背诵的“醉卧沙场君莫笑，古来征战几人回”。次日清晨醒来，妻脸色惨白，女儿却惊喜地告诉我：“爸爸，你第一次背对了那句诗！”护士说：“继续喝的话，连背错都没机会了。”我逞强地回应：“人生最重要的是有喜欢的东西，拿命去换也可以。”

回家的路上，有一个小小的宠物店。蔷薇平日乖巧，自知对动物毛发过敏，从不靠近那些迷人的小可爱，只站在外面看看就心满意足了。但今天她越界抱住那只酒红色泰迪，执意要带回家，妈妈怎么劝也不听。

我立即发挥了营销部主任的口才，滔滔不绝，引经据典，从过敏症的危险讲到健康乃人生之本。女儿打断我说：“人生最重要的是有喜欢的东西，拿命去换也可以。”她倔强地重申：“我就喜欢这只炸鸡狗。”

伶牙俐齿的我，顿时瞠目结舌，做了个深呼吸之后，向女儿发誓，等她的病治好后一定买。女儿笑起来：“谁信你？你每年向妈妈发誓七百回，说永不喝酒。”

我面红耳赤，一个信用透支的父亲，即便讲真话也无人要听。这能怪谁呢？

最后，我们虽然没有买那只炸鸡狗，但就在当晚，女儿的过敏症发作。整整三周，孩子身上红斑遍布，痛痒交加。心怀内疚的我，只能眼睁睁看着女儿辗转反侧，无法免她病，免她苦，免她忧惧与沉默。

我喜欢听她说话，像粉色蔷薇轻抚长满厚茧的心；我喜欢听她笑，像金色蔷薇映亮平淡人生。我终于明白，这才是值得我用生命去交换的东西。

在女儿生病的日子里，我再也没有发过誓。但我悄悄退出了“今朝有酒”的微信群，屏蔽了酒友的电话号码，切断了与同好的一切联系。每当酒瘾发作时，我就喝一杯白水。我告诉蔷薇，温和的白开水，清肠洗胃，滋润肝脏，将是我终生的饮品。

那天，陪一帮老客户吃饭，其中有位善饮者，一见我就摩拳擦掌准备拼酒。

众人得知我已戒酒时，几乎笑到咳呛：“如果你说戒饭我们还肯信，要是戒了酒你还有命活到今天？”大家纷纷起哄要我干杯，但我心意如铁，不动不摇。我告诉他们，前些日子因我酒后狂言，影响到女儿蔷薇的人生观，致使她受病苦纠缠。如今我要以身作则，做女儿的榜样。

不知为何，平日非常开明的女老总忽然半真半假地激我：“可你的工作需要应酬啊，你愿意为女儿放弃工作吗？”

我心一横，站了起来：“以蔷薇之名，我不会再喝一滴酒。既然我不适合这份工作，我明天就交辞职信！”

走在路上，晚风一吹，头脑清醒很多。我有些沮丧：这是一份我很喜欢的工作，不仅薪水合理，更难得的是环境宽松，气氛和谐。瞬间，我又想起房贷和车贷，想起曾答应蔷薇暑假带她去迪斯尼乐园玩，现在怎么办呢？此刻，如果有一杯酒就好了，它能平息焦虑，安抚人心，让我好好筹划明天。

不不不，以蔷薇之名，我必须跳出酒杯里的人生。就在我百爪挠心之时，接到了妻的电话，她说女儿的班主任电话求救，她明天就要参加省级赛教，但头发被剪坏了，问我能否帮她修一修。据说，女儿已经代我答应了。

回到家，老师已经来了，还带着礼物。我拿起剪刀，心里忽然变得宁静，专心致志地修完头发后，老师照着镜子，开心地说了十七八个谢谢。女儿看我的眼神里全是崇拜，这种小目光简直令我陶醉。

入夜，我悄悄去书房打开电脑，浏览各类招聘启事。忽然，女儿推门进来，赖在我怀里说笑。抚摩着她的头发，我百感交集：我并未失去全部，生命里最重要的人都平安喜悦，这就是最好的人生。以蔷薇之名，以后无论遇到什么情况，我都要拼命加油，不能随随便便躺倒耍赖。

周一的早晨，我横下心去了老总的办公室，交上辞职信。她看我一眼，说：“有件事我一直没弄明白。我小时候对尼古丁过敏，闻到烟味会头痛，为此，爷爷戒掉抽了大半辈子的烟，一生都没有再碰过。其实，我每年只有春节才与他相处几天。”她若有所思：“直到昨天晚上，看到你以蔷薇之名，那么决绝，不给自己留任何退路，我才忽然明白，如果真的疼爱一个人，就会不计代价地去做一件事。”

阳光照在她面前的仙人掌上，尖锐的刺锋芒毕露，那墨绿粗糙的手掌，托起朵朵晶莹的殷红。她把辞职信还给我：“一个小孩子，需要真心的呵护才会从心里开出花来。”

学期末的时候，我去参加女儿的家长会。展览室里挂着孩子们的各种作品，我看到了女儿的习作《爸爸喝水》，有趣极了。但纸背面似乎还有字，我好奇地伸过头去，赫然看见了“离婚协议书”五个大字，不禁笑出声来。如今我酒精肝好转，血压血脂也恢复正常，妻说我们要白头到老，陪着女儿很久很久。

这时老师走过来，再次向我致谢。她说，她的哥哥在上海开了一家颇有名气的美发店，通过视频，从各个角度欣赏了我剪的那款短发，惊叹一个没有学过理发的人，如此懂得与头发对话，简直是天才。当得知我又是个为女儿戒酒的好父亲时，更加赞叹，说无论何时，只要我愿意去，他都会高薪聘我。

我开心到心里流蜜。你看，真心去爱一朵蔷薇，就会拥有很多很多的好运气。

第 26 个故事 ▶▶▶

即使是笨爸爸，也会为你变勇敢

看着他湿湿的睫毛，我的心里升起一种奇异的感觉，觉得自己没那么卑微，也没那么笨，因为世界上有这样一个人如此依赖着我。我希望，我能配得上这全心全意的爱。

儿子出生的时候，我还太年轻。护士把哇啦啦叫的婴儿捧过来时，我下意识地躲了一下，背后是墙。我硬着头皮接过来，赶紧安抚这个焦躁的小家伙：“小弟弟乖，给叔叔笑一个。”儿子没笑，整个二楼的护士都笑了。我妈刚晋升为奶奶，喜怒交加地呵斥道：“你这个笨蛋，应该是世界上最笨的爸爸了！”

我愧疚地看着儿子，他哭得那么厉害，该不会也是嫌我笨吧？

有很多大侠，一开始都是大笨蛋，我也不例外，而且我的绰号就叫笨笨。自从儿子来做客后，我就开始勤学苦练。刚刚练熟奶瓶尿布功，就开始研习婴儿膳食搭配宝典、小儿常见病症真经……虽说勤能补拙，可我的拙太多了，简直补不过来，带孩子时险象环生：热牛奶把奶锅烧成陨石；给儿子拍照，手机掉他脑门上；最惊险的那次是，我抱儿子在阳台看晚霞，这初生牛犊猛力一扑，挣开了我的怀抱，幸好我一把捞住了他的小腿。外公外婆吓得直念佛，爷爷奶奶扬言要罚我跪，说我笨到不可救药，不许再接近孩子。

但儿子不嫌弃我，他哭得天摇地动要爸爸，嗓子都喊哑了。四位元老吓得魂飞魄散，只能撤销制裁，但要我晚上补写检讨书和保证书。

儿子疲惫地睡着了，看着他湿湿的睫毛，我的心里升起一种奇异的感觉，觉得自己没那么卑微，也没那么笨，因为世界上有这样一个人如此依赖着我。孩子忽然抽噎，嘟哝了一声“爸爸”，我轻轻答应：“嗯。”这一瞬，我的心彻底软下来，融化成水。我希望，我能配得上这全心全意的爱。

儿子上幼儿园了，背着小书包，像要远征，足足哭够一周才转晴。孩子一长大，老人们的心愿立刻升级，不再是吃饱睡好身体好这么简单了。

奶奶接孩子回来，自尊心受损：“别人家的孙子都白白胖胖的，像哪吒，只有我家孙子皮干骨瘦像孙猴子。”

我小声嘀咕：“孙猴子！当着孩子的面，就不能尊重一下叫孙悟空或齐天大圣吗？真是的。”

我爸老大的白眼珠甩过来，示意我噤声。

外公外婆也气哼哼，有话要说：“孩子胆太小，跟唐僧似的，比他小的女孩子都敢扑上来挠他，抢他玩具。”

现在，我儿又是不会打架见到妖怪就哭的唐长老了。我刚想辩解，又被我妈踩了一脚。

爷爷慢腾腾地摘下老花镜：“那天吃饭，丁爷爷欢欢喜喜地亲他，喂他菜吃。他竟然说人家的胡子像臭袜子，给喂的鹌鹑蛋也吐出来。孩子礼貌方面要学学八戒，八戒嘴多甜啊！”

我和妻四目相对，惊得说不出话来。

我家这是要上演新《西游记》呀，儿子一人即可分饰四角。就在前几天，老人们还在演《三国演义》，天天在宝宝面前争宠，转眼间心肝眼珠子变成阑尾扁桃体，竟连八戒都比不上了，真是世态炎凉啊！

老人们继续探讨，那熟悉的声音和神情，让我的脑子轰然一响，时光一下回到多年前：我是家族中唯一男孩，长辈视若珍宝，但稍稍长大，便巴望我事事争先，样样出色。在诸多严厉而急切的目光里，我变得充满畏惧与自卑，直至他们无可奈何地叫我小笨笨……

儿子坐在那里，小小的一点点，圆脑袋越垂越低，就像当年惶然的我。

我眼睛发热，鼓起勇气，据理力争："宝宝没那么差，他是瘦而不弱，胆小要慢慢引导。另外孩子没说错啊，丁爷爷顿顿离不开葱蒜，他自己的孙子都不让他亲……"

这一瞬，四大天王的所有火力集中到我身上。他们描绘隔壁神气的小哪吒、楼上帅气的小霸王、儿童选秀节目里人气极高的小甜妞……总之，希望儿子能修补所有漏洞，成为一款最精良的孙子。我从幼儿的生理及心理的发育谈起，力证儿子是个身心健康的小孩，大家应当给他的是呵护、尊重以及耐心的引导。

这一场华山论剑，整整持续了两个小时。妻吓得脸色苍白，不敢劝老人，只不停地做手势，哀恳我停下来。我用眼神安慰妻，叫她放心。

我以一辩四。不能示弱，因为前辈的育儿观念必须更新；不能逞强，因为要照顾元老们的血压和心脏。我走钢丝般拿捏着分寸，平衡着情绪，一点点把道理说给这群顽固的老小孩听。好几次战战兢兢，汗湿脊背，默念"我命休矣"。

老人们并不认输，但震动颇大。

老妈居然很骄傲地说："笨笨今天像换了个人，跟电视上的专家一样能说会道。"

老爸也惊诧道："是啊，从前他那嘴笨得像老棉鞋……"

我啼笑皆非。他们不明白，做爸爸会让人勇敢，让人学会思考并不断成长。

转眼到了端午，儿子有一天假，计划着要去动物园。可早晨一起床，不知是谁家的大风，一直赖着不走。树发怒，窗户惊叫，纸片气得跳到天上，发愁的小孩含着手指趴在窗台上，看着假期被吹走了。

门铃响起来，我惊诧这种坏天气也会有客。四位风尘仆仆的大侠，得意地亮出一大盒包治百病的营养液，据说医院脱销，还是求别人转让的，能在一个月内让孙猴子变成李哪吒。爷爷为大圣拧开了瓶盖，儿子欢天喜地，抢过来就要喝。

看着那黄褐色瓶子里的不明液体，我心里莫名恐慌，一把夺了过来："没病没灾的喝什么药！"

外婆委屈得声音都哑了："我们顶着这么大风送来，难道会害他？"

我妈急了，在我头上猛敲一记："喝着试试看嘛，笨蛋！"

老爸庄严地附和："笨蛋！"

我腹背受敌，情势危急，无计可施，索性举起小瓶一口饮干，还亮了亮瓶底。

这次真正犯了众怒，我完全不知如何收场。

平时胆小的妻，忽然拿过药盒仔细端详，哎呀一声，说她同事的孩子就因为喝这个，食量惊人，得了肥胖症，现在正拼命节食呢！

老人们面露狐疑，妻立刻打开电脑，搜索这个营养液的名字。然后每个人都清楚地看到，这款臭名昭著的药物早已被禁止上市。

元老们面面相觑，我与妻又贴心暖肺地安慰了好大一阵子，直到他们释然。

老人们走后，我长舒一口气，拥住妻："好险哪，大恩不言谢。"儿子却跳起来抠我嘴，让我把好吃的拿出来。我们三个人笑倒在沙发上。

暑假期间，老人们为儿子报了一个武术班，天天在公园练拳，以增强体质，谢绝乱抓乱挠，保卫自己的玩具。儿子晒得黑黑的，个子长高了，却更瘦了。他身手敏捷，敢于跟同龄男生过招，但仍然不会跟小女孩打架，躲避的功夫倒是一流的。

儿子生日那天，我不小心打翻了面前的沙拉，老妈又说我笨。儿子戴着小小的王冠，用清晰而坚定的声音说："爸爸不笨，我也不笨。"老妈咋舌道歉，各天王似乎震了一震，然后纷纷站起来，要为这句话干杯。

蹲在桌底收拾的我，喉头发热，鼻子蓦地一酸。儿子溜下来帮忙，在一片狼藉中，我发现花椰菜笑到蓬松，萝卜片吐着粉红舌头，而生菜释放着碧绿善意。

一切都没有那么糟。

我爱老人，也爱孩子，这是个值得冒险和厮守的美好尘世。

第 27 个故事

天下第一老爸

这是我爸爸，他给我煮难吃的饭，他为我戒烟戒酒戒游戏，他跟我一起锻炼减肥，给我讲数学题。他是个大帅哥，是天下第一老爸。

儿子上幼儿园时，最爱跟小朋友拼爹。他向小朋友炫耀：“我爸爸的肌肉最强壮！”一个男孩不服：“有多强？能比得上我爸吗？”儿子张开小手比画着：“我爸爸的鸡肉能炒一份大盘鸡！”所有小孩骇然，再无异议。我可爱的儿子，以为“肌肉”就是“鸡肉”呢！

“我爸爸做鬼脸能逗笑大象”“我爸爸变魔术比大卫厉害”，诸如此类的褒奖，整日在耳边萦绕。

首席爸爸的感觉，真是妙不可言，时时陶醉在掌声中，抱棵白菜会觉得鲜花满怀，喝杯白水都能品出红葡萄酒的滋味。同事说我脸上天天挂着傻笑，像门楣上贴的“福”字。我以为，这福气会终生相随，直至我成为一个白胡子老头。我不知道，好梦会在一夕醒来。

儿子幼儿园毕业，荣升为小学生。在一年级新生奶声奶气的描述里，我渐渐了解到：儿子同桌的爸爸是老板，每天都有司机开来奔驰车，“嘟”一声接他回家。体育课代表的爸爸是跆拳道高手，“嗖”的一脚就可以让坏人变成好人。就连班里那位最羞涩的小女生，爸爸都是在滑雪场工作的，她整个冬天都可以尽情滑雪，听风声在耳边呜呜作响……

看着自己的排名哗哗下跌，我禁不住眼前发黑。我只是一个公司的普通职员，每天挤公交车上班，开奔驰希望不大，学跆拳道太迟了，现在去滑雪场应聘也不现实。

可是，我怎能就此认输呢！逮住个星期天，我开始严父教子：“要跟同学拼身体，拼学习，拼良好的习惯，哪能跟人家拼爹呢？”我滔滔不绝，发挥到“儿不嫌母丑，狗不嫌家贫”时，已踱至穿衣镜前，猛地看到了自己的模样：因玩游戏熬红的双眼，嘴里叼着烟卷，啤酒肚松松垮垮……我的脸蓦然发烫，自动闭嘴。

面对儿子晶莹的眼睛，我默默摁灭烟头，开窗通风，将昨夜的啤酒瓶收拾到垃圾桶。儿子惊诧：“妈妈还没有唠叨第七遍呢！”无地自容的我，恨不得将头钻进塑料袋，可嘴却一如既往地贫：“我还要戒烟戒酒戒游戏呢！以后，就请叫我二师兄八戒吧！”儿子笑得皱起鼻子：“二师兄，你都戒过八遍了！”

可这一次，我咬紧牙关，绝不反悔。我在心里发威：不就是拼爹吗？好，我们来拼一拼！不拼豪车，不拼地位，我们来拼拼谁肯为孩子改变自己，谁肯在孩子身上花时间、花精力，谁肯陪他一起成长，共享所有喜怒哀乐。

戒掉烟酒，省下来的钱买了蔬菜水果，西蓝花献给妻子，火龙果赠送儿子。虽然最后我吃得比他们都多，可大家还是把我夸得天下无双。戒掉游戏，时间忽然变得富余，儿子的十万个为什么，每个我都会认真思考，耐心解答，不再是千篇一律地回应“去问你妈”。有时觉得招架不住，立刻假装上厕所，迅速求助于各种搜索引擎，然后胸有成竹地走出来，笑容可掬地作答。

儿子的成绩迅速上升，而我在儿子眼里的地位也扶摇直上。他说：“我爸爸最厉害了，比大魔法师知道得还多。当然，他最最厉害的是吃东西。”

听闻此言，我悄悄溜到体重秤上，真正受到惊吓，指针指向一个我完全无法接受的数字。儿子需要一个健康长寿的爹，而不是怀揣脂肪肝、高血压、心脏病的爹。如果隔三岔五就叫救护车，我还拿什么跟人家拼呢？再看看儿子，简直是我的缩影，也是个小胖子。

于是，我走到妻子身边，假装唉声叹气：“你总是要我减肥，算是给你面子，明天开始晨跑，可如果没有你陪，我是不会去的！”身为护士的妻大惊：“我要上夜班，怎么陪你？”儿子挺身而出：“二师兄别怕，还有我呢！”我眉开眼笑，连连拱手：“多谢少侠！”

清晨，一大一小两个胖子，开始在小区林带跑步了。这一跑，就再也没有停下来。我们父子，奔跑着看星星消失，奔跑着迎接日出，一直跑到光秃秃的树枝开满闹嚷嚷的花。到了假日，我们打篮球，踢足球，举着白开水热烈干杯。两个男人的笑声，传得很远。这个夏天，我像是又回到了小时候。这世上，总会有一个人，能带你穿越你想去的时光。

我们终于变成了两个结实的瘦子，比生下来还瘦，我比恋爱时还帅。晚餐桌上，我们不遗余力地夸奖对方，直到妻子瞪起眼睛，说看不惯这样没有底线的吹捧。我们立刻开始赞美她是小区最可爱的妈妈，是医学史上仅次于南丁格尔的优秀护士，直到妻子乐得眯起眼睛。

母亲节那天，儿子班上有个亲子活动，要求所有妈妈到位。我接到儿子电话时，公司正通知下午要开会。小朋友泣不成声，说妈妈来不了了，急诊科有手术，全班只有他一人最孤单，让我无论如何替他找个妈妈救急。我语无伦次，向身边的女同事求助，那小姑娘窘得连连摆手。我看看表，咬咬牙冲了出去。幸好，学校离公司不算远，我一路狂奔，准时牵着儿子的手走进教室。

满教室的人惊异地看着我，我尴尬至极，傻傻地站着。儿子忽然出声："我妈妈是护士，特别忙。这是我爸爸，他给我煮难吃的饭，他为我戒烟戒酒戒游戏，他跟我一起锻炼减肥，给我讲数学题。他是个大帅哥，是天下第一老爸……"

这些话，若是在家里听我定会手舞足蹈，可此时只想掩面而逃。

掌声像海浪般响起来，老师、小朋友，还有所有的妈妈都在拼命鼓掌。孩子们拥上来，将各种小礼物送给我，将自制的奖章别在我胸前。掌声又响起来，这个下午，我赢得了平生最多的掌声，家长们纷纷举起手机拍摄我们父子，仿佛面对两个了不起的大明星。

我掐着钟点，冲进了公司。在电梯里，竟遇上了很少见的女老总。忐忑问好之后，见她目光停留在我胸前的奖章上，我终于发现上面有四个稚拙的字：可爱妈妈。我手忙脚乱地去摘，却听见老总温和地说："这奖章是我女儿做的，刚才，我也在教室里为你一直鼓掌。"

电梯静静上升，我心里有热望升腾。我一向自卑，认为自己毕业于三流学校，就算再努力，也比不上公司那些精英的小拇指。可此刻，我握着那枚奖章告诉自己：世上只有认输的男人，哪里有认输的爸爸！我要让儿子知道，这个普普通通的男人，也一样能成为他此生最大的骄傲。

第五章

我们在每种关系中，渐渐看到爱的真实模样。
我们相互学习着爱与被爱，耐心地陪伴着彼此成长，细水长流，涓涓不息。

Chapter 5

世间最美的情

第 28 个故事

玻璃心，木头匣

我喜欢我妻子这颗玻璃心，它晶莹剔透，单纯美好。我愿意当一只结实的木头匣子，好好保护这颗心。

女儿出生后，我与妻约定要对彼此更好，反正相爱又不会使人发胖，尽管那滋味颇像蛋糕上的糖霜。我坚信：相爱的父母才能让孩子心里开出玫瑰，才会知道如何唤醒幸福。

由于我经常出差在外，妻几乎是独理家事，真正不易。她天生爱笑，女儿也常常随她笑得手舞足蹈。小小的家里，充满着风铃般悦耳的笑声。阳光如金线闪闪烁烁，悄然编织着缤纷的璎珞，幸福似乎就安然卧在膝头打盹。

但这次回来，我却发现家中笑声变少了，妻沉默，宝宝也变得安静。毕竟孩子曾在母亲身体内居住十个月，她们有特殊的默契，母女二人的喜怒哀乐是串联电路。

我心有不安，再三询问缘由，可妻总是岔开话题，顾左右而言他。平日吃米吃面，我们都有商有量，多少矛盾和分歧，在沟通面前灰飞烟灭。今日这种局面，着实罕见。于是，我这样大大咧咧的人也开始留意生活中的蛛丝马迹。我享受家庭赐予的安乐，也愿意努力打开家人的心结。

女儿生日那天，我终于发现端倪。小朋友穿新衣，戴小花冠，宛如一朵皎洁的铃兰。奶奶笑模笑样地问：“这衣服谁给买的？”宝宝骄傲地回答是妈妈，奶奶皱眉摇头：“这衣服穿着显老。”我笑得咳呛起来，一个四岁的小女孩能老到哪里去？接着，老人家又唠叨自家孙女太瘦，没有面子，别人家孙子都肥白胖大，长势喜人。说得宝宝十分沮丧，没能一口气吹灭蜡烛。她又找到铁证，怪当初母乳不足，孩子气虚。此时，妻已笑得勉强，宝宝也噘起嘴。一餐饭吃下来，我心中渐渐明白。

老妈新近退休，自告奋勇过来帮忙照看孙女。但老人家俨然育儿专家，对妻颇多指摘，弄得她左右为难，连带小人儿也学会了察言观色，想方设法替妈妈打掩护。我爱老妈，也希望她开心，但这并不意味着需要另外一个妈妈去隐忍，也不愿孩子在这种氛围里成长。

我找了个私下相处的机会，委婉提醒老妈不要越界。她不以为意："我这不都是为孩子好吗？当妈的可不能这么玻璃心啊！"我郑重回答："玻璃心有什么不好？世界上所有的心都应该被小心呵护，轻拿轻放，而不是被随意抛掷风吹雨淋，更不可以用为你好的名义弄疼别人的心。"老妈忽然大笑起来，原来她根本没听，一直在盯着看肥皂剧呢！

我了解老妈的性格，知道多说无益，第二天就开始了行动。从早到晚，我唠叨不停：妈，不要逗宝宝讲家乡话；妈，不要带宝宝去跳广场舞；妈，不要给孩子买这种太便宜的化纤衣服……老妈终于忍无可忍，几近崩溃："你有完没完？"

我笑道："我这不都是为孩子好吗？当奶奶的可不能这么玻璃心啊！"她恍然大悟，指着我笑，从此收起了对妻的挑剔。

家里恢复了旧模样，嘻嘻哈哈，咯咯嘿嘿，大家动不动开怀大笑一场。妻不再困窘，对老妈亲近了许多，为她的头疼脑热寻医问药。女儿也放下戒备，给奶奶讲幼儿园趣事，还像模像样地为她敲背捏肩。

奶奶感慨道："先前怪人家玻璃心易碎，根本是自己刀子嘴伤人，多亏你提醒我。"

我稍加留意，发现身边的刀子嘴还真不少。我与妻都属于偏瘦体型，而且怎么吃也不胖。大概女儿也遗传了这种基因，弄得妻走到哪里都有人发难。偶遇中年发福的老同学，还未及叙旧，就开始当街大呼小叫："你看孩子瘦得像根香菜，不知道的还以为你是后妈呢，好好学学厨艺吧！"路人侧目，妻尴尬万分。宝宝笑靥如花地回答："我将来要当模特的，不想长成阿姨这样。"老同学瞠目结舌，好半天才惊诧道："这小嘴伶俐得不饶人啊，蚂蚁大点就知道护着你妈了！"说完急急忙忙告辞了。哼，看看谁才是玻璃心！

但这个话题并未结束。周末聚会时，有位同事多喝了几杯，得知女儿的早餐大都是牛奶麦片和水果时，他嗤之以鼻，说自己的妻子每日给孩子做爱心早餐，三个月都不重样。他批评妻太会偷懒，饿瘦了孩子与老公，不善争辩的妻委屈到几乎落泪，又被说成是玻璃心，要好好修炼。女儿跳起来，奋力给同事嘴里塞了一只油爆大虾，但仍未阻住他诲人不倦。

我对这位仁兄说："多谢教诲，但我女儿的早餐很有营养，你看她长得多结实。另外，我喜欢我妻子这颗玻璃心，它晶莹剔透，单纯美好。我愿意当一只结实的木头匣子，好好保护这颗心，所以她不必修炼。"

同事立刻举杯致歉，原来他并未真醉。

那天，我们去超市购物时，忽然发现女儿不见了，两个人心急如焚，到处寻找。几位热心的阿姨也跑前跑后，紧急搜索。最后在玩具区发现女儿时，妻泫然欲泣，几乎虚脱。阿姨们也松了口气，但立即开始你一言我一语地训诫妻子，说她疏忽大意，说她不懂照料孩子。妻张皇失措，孩子也被这阵势吓倒。

我忍不住开言："感谢大家刚才的帮忙，也非常感激你们对孩子的关心。但请不要怪罪孩子的妈妈，我也在场，却没注意到与女儿走散，要批评就批评爸爸好了。"

有位阿姨哂笑道：“当妈的不能玻璃心，哪能这样说不起？再说孩子天经地义是要女人操心的，男人本身就是个需要照顾的小孩，哪能再照看小孩？”

我非常震惊，现在才深深意识到，在我不曾留意的这些日子里，妻承受了多少莫名其妙的压力。

我诚恳地告诉大家：“做妈妈是项苦乐兼得的工作，她们几乎事无巨细，桩桩件件都要亲力亲为。但这不等于大家可以随时把手指向妈妈，将所有过错都加给她，还不许她委屈。神也不能让孩子二十四小时不饥渴不跌跤不离开自己的视线……”

阿姨们竟然听得很认真，完全没有了咄咄逼人的样子。

我继续说：“养育孩子不是母亲一个人的事，爸爸不能缺席，也不可以隐身。如果男人愿意当一辈子的小孩，那他就没有资格做爸爸。”

忽然，有位阿姨掉下泪来，我吓得立即住嘴。她急切地问我要电话和住址，我愈发紧张，拔脚想溜。她紧紧抓住我的袖子：“小伙子，你还有没有未婚兄弟？堂兄弟也可以，我女儿学历高，长得美……”我挣不脱，只能尴尬地笑。接着阿姨们七嘴八舌地问我，有没有适龄的同事或好友，介绍给自己亲友的女儿。她们的态度如此真诚，本觉得荒唐的我，此时颇为感动。因为我知道，这就是这些母亲认可我的方式。

回家后，妻不好意思地问：“老被人说成玻璃心，我是不是太脆弱了？”

我回答：“世上有许多美好的东西，都是娇嫩脆弱的。你不必变得更强大，而应当被好好对待。你有你的玻璃心，我有我的木头匣。有些事不需要独自面对，因为我们是一家人。”

“还有我也会保护你！”女儿冲过来，站在妈妈身边，眼睛晶莹明澈，笑意盈盈。她从妈妈那里，学会了像花儿那样去笑；从爸爸这里，学到了承担的勇气，并且明白：相爱是世界上最好的事情。

第 29 个故事

遇见春风与蔷薇

岁月叫人成长，长大的何止是孩子？在共同成长的时光里，我们都遇见了自己的春风与蔷薇。

女儿是小寒那日出生的。老妈欢喜得宛如中了状元，又出钱又出力，天天赶着来帮忙。幸好两家住得近，要不真够她跑的。我与老公又感激又不安，好在来日方长，报恩是件细水长流的事情。

可谁也没料到，在孩子长大的过程中，我们竟会产生那样多的分歧：三个月婴儿能否单独睡觉，半岁时可否坐飞机旅行，两岁时要不要学规矩……

一开始，我与老妈各执己见，都觉得对方是无法沟通的外星人，渐渐大声，渐渐焦躁，世界和平眼看不保。

老公劝我："如今你也当妈妈了，即便有理也该好好讲话，别要小孩子脾气。"他陪着老妈看了一些科学育儿的文章和视频，有空就跟她交流探讨。老妈渐渐气平，我也赶着过来道歉。老人家爽快地笑道："以后照着你说的办，可咱娘俩的急性子都得改改，别叫宝宝长大也学成这样。"我长舒一口气，以为从此花好月圆，天下太平。

转眼间女儿会走路了，会说简单又甜蜜的话了。从前，她要大人帮助才看得到落日，三个枕头围起来就是乖宝宝的整座城池。如今，这只初生牛犊抬头做人，嗒嗒行走，只觉满眼全是新鲜玩意儿，世间没有可惧之物。从此，天下大乱。

她将细嫩手指探入电源插孔，试图搜寻个中机密；又踮起脚尖，取出收纳盒里的锋利剪刀把玩；一个眼错不见，她已经开始摆弄电热水壶。我们扑来扑去救急，将危险物品重新归置。外婆急了，郑重告诉这小孩种种禁忌，她总是懵懵懂懂，咯咯笑。

春节与亲戚聚会，外婆说起小探险家的种种淘气，以手抚额："这小孩怎么这样古怪，这个年纪就该乖乖玩皮球、布偶与音乐盒嘛！"我辩道："哪里怪了，一千个宝宝有一千种长大的方式，他们对这个美丽世界的新鲜感才刚刚起头儿呢！"外婆提醒："这个年纪好立规矩了，该罚站罚站，该打手心打手心。"一听此话，我惊愕地脱口而出："照这么说，我才两岁就开始挨打了？怪不得我胆小如虫，至今一见长辈和上司就想躲。"

一众亲戚面面相觑。老妈半愧半恼，脸红了又白，我也懊恼话说得造次了。为了表示歉意，也为着让老妈好好放松一下，我给她报了个七日游的旅行团。没想到老妈游上了瘾，乐此不疲地东游西游，根本不想回家。这些日子，女儿的冒险行为渐渐收敛，但调皮捣蛋的功夫也达到了一流。连日托的保姆都颇有微词，说没带过这么哪吒似的小女孩儿，一下楼就跑得像电、像光、像流星，就喜欢玩沙子、木棍、虫子、石块，衣服和手脸就没个干净的时候。

最近老公出差，周末保姆休息，我独自带孩子。小哪吒发烧咳嗽，我白天跑医院，晚上提心吊胆睡不安，简直比上班还累五倍。晚间，接到老妈电话，她兴致勃勃描述胜景美食，我唧唧哝哝诉说育儿艰辛。老妈一反常态，无安慰，无鼓励，只在那头静静听。得不到抚慰的我气起来，喊冤叫屈："看看，现在连亲娘都隔岸观火，还有谁会关爱我们这些新手家长？"老妈依旧只是笑。我心里咯噔一下：莫非老妈还计前嫌？

周一早晨，生病的女儿变得无比依赖我，要送往保姆家时，突然一反常态，杀鸡杀鸭那样叫唤，小手扳住门不放。我心下不忍，可衣食所安，皆托赖这份工作，谁还敢当全职妈妈不成！正手足无措之际，老妈风尘仆仆出现。昨天我还以小人之心度慈母之腹呢，此刻只能暗暗叫声惭愧，把孩子交到外婆手中，如遇大赦般上班去了。

老妈一双温柔手，顷刻救我于水火，我乘势去外地参加了一期培训。一个月后归来，几乎以为走错了门：家中窗明几净，厨房有炖排骨的香味，小人儿甜鞋净袜，手脸光洁，像饼干广告里的小娃娃。她成为一个小小淑女，坐有坐相，站有站姿，仿佛别人家的乖宝宝来我家做客。

我家在附近一下有了名气，人人夸老妈会管孩子，邻居见到她几乎要立正敬礼。有对老夫妇提着礼盒来取经，因为他们的大胖孙子淘气至极，前两日险些摔折了腿。此刻，女儿安静地翻着画册，老妈朗声讲着育儿经。一切仿佛都很好，但我又觉得哪里不太对。

老妈讲：小孩要立规矩，不可玩土、石子以及树枝；不可以摸小虫子，因为会染上细菌；不许坐台阶上，石头凉，会生病……而我恰恰相反：我允许小孩在干净耐压的草坪里打滚儿；允许她玩得满脸泥汗；允许她舔舔土和雪，然后再呸呸地吐出来……

我终于知道哪里不对了：那个洗完澡后，嘎嘎笑着跑着不肯穿衣服的小孩不见了；那个会在大风里飞跑大雨里踩水洼的小孩不见了；那个敢于把蚯蚓和菜青虫捧在手心的小孩不见了……而我怀念那个活力无限的小孩。

这一回，我学了乖，等到客人走后才去跟老妈商量：可否不要那些规矩，让她跑，让她跳，让她放松身心慢慢长大。老妈看着我，仿佛我疯了："我花多少力气才把孩子调教得这样乖，让你省心又省事。"我嬉皮笑脸："商场橱窗里的洋娃娃最乖，卷发柔软，洋装整洁，永远笑得蜜蜜甜，可我决不会要她当女儿。"老妈敲我的头："不要嘴硬，当初在电话里哭的时候，你可没有这份底气。”我内心惭愧，我在疲惫时逃走，算什么好汉？我是大人了，今后再也不能当逃兵。

老妈继续铁齿铜牙：“你小时候，就是这样带大的，不照样健康聪明？”我笑道：“小时候妈妈不许我玩火，大舅悄悄带我去旷野点落叶玩，并教我怎样防止火灾；幼儿园时家里不许吃零食，二舅妈将整盒奶糖与饼干藏在壁橱里，并教我早晚要好好刷牙；小学时小阿姨每月都悄悄给我零钞，叫我买喜欢的贴纸……然而，我并没有学坏，我还是一个响当当的好孩子。”

老妈撑着腰的手慢慢放下来。她有些震惊，喃喃道：“哼，这些亲戚，个个鬼鬼祟祟。”但很显然，她对自己的做法产生了怀疑，开始跟我讨论怎么给孩子松绑。说真的，我过去也太散漫了点：由着小孩子在商场里随意哭闹，吃饭时食物撒得满地都是，洗澡时水龙头要一直开着，批评一句就做滚地葫芦状……

如今，随着孩子年龄的增长，我们也一点点对她提出适当的要求。比如，教她与小朋友分享玩具，公共场所要保持安静，慢慢学会说谢谢、请、对不起……在我们一家人的努力下，小朋友度过了两岁半的愉快时光，进入强壮活泼的三岁。

女儿开心地上了幼儿园，外婆也放心地出去旅行。渐渐地，这小孩平衡能力增强，奔跑时不会再轻易磕破膝盖和手掌。她还熟练地掌握了语言，顶起嘴来像个大孩子。

惊蛰那天，我指着日历给她讲了这个有趣的节气。没想到她立即脱掉毛衣毛裤，要光着胳膊腿儿，只穿着裙子下楼去跟小朋友玩。我说这是北方，天气还太凉，她反驳道：“我们小孩喜欢虫子，虫子节也是小孩节，我们和虫子一样不要穿毛衣。”

她坚持要过虫子节，要穿夏衣去外面玩，捂住耳朵不肯听娘亲的话。因为在她听到的故事里：圣诞老人在外面玩整整一夜也不会打喷嚏；拇指姑娘在冰天雪地着单衫也不会流涕；白雪公主中毒会被一个吻救醒，醒来后神经血液肌肉全部正常，并没有被护士阿姨拉去打针。面对这样一个小孩，谈判专家大概也要掩住脸哭出来吧！

小朋友在楼下大声喊女儿的名字，她如听到太上老君的急急如律令，与我在门边角力。情急之下，穷途末路的我亮出身份：“我是你妈妈，你必须听我的！”但这道懿旨并未震慑住这小虫子，她气急败坏：“我要给你妈妈打电话，叫外婆来管教你！”我震撼到讲不出话来。

女儿迅速拨通外婆的号码，气鼓鼓地向她告状：“今天是虫子节，天气热得像住在米饭锅里，妈妈不许我穿裙子……”电话打开了外放功能，我以为，我会清楚听到老妈熟悉的声调：小孩子要听话，大人才会喜欢，妈妈讲的都是对的……但我错了，我分明听见老人家温柔的声音：“在外婆做小女孩的时候，也是在春天的早晨，吵着要早早换上裙子，穿上露出脚趾的凉鞋。可我的外婆说，要等到小巷子里的蔷薇都开满墙，才可以穿夏天的短裙呢……”

一老一小，一问一答，渐渐地，两人的声音都带上了笑意。外婆在教小人儿唱《四季歌》：“蚂蚁有洞穴，家有一扇门，门外狂风呼呼叫……”我有点惊讶，鼻子酸酸的。在我的记忆里，老妈从来不曾如此耐下性子跟小孩说话，更不曾这样温柔地唱过歌。岁月叫人成长，长大的何止是孩子？在共同成长的时光里，我们都遇见了自己的春风与蔷薇。

放下电话，女儿穿上打底的衣裤，欢欢喜喜地套上小裙子，向我告别后，轻快地跑下楼去。我伏在窗边，看着楼下那群追逐笑闹的小孩。春天的云特别低，一座城堡似的停栖在孩子们头顶，像无比柔软的时光。

第 30 个故事

母亲的心，是世上最柔软的布

母亲的心，是世上最柔软的布。若肯存爱惜之心，将针线顺着经纬穿进去，便可绣出所有的甜蜜与芬芳。

妈妈是个老花眼，偏喜欢缝缝补补。一到我这里来，就缝小孩绽了线的校服裤脚，缝我没来得及扔掉的剐破的丝袜。有一次，她还把我的旗袍开衩给缝上了。

我老实不客气地训了她一顿，并直问到她脸上："你那么有本事，怎么不把东非大裂谷缝上呢？"

她不识字，但知道不是好话，可听到"缝"字，立刻自信满满："你倒是拿回来我试试呀！"

婆婆有双美目，黑白分明，水润烟凝。看见这双眼睛，你就会忘了她有几岁。

我禁不住感慨："如果你是我亲妈多好，遗传了这双眼睛，能电晕所有人类！"婆婆被我夸晕了，把要淘的米麻利地倒进热油锅，全家人笑了好多天。

老公说我对亲妈刁蛮任性，对婆婆乖巧温顺。我对老公讲，母女关系是老式的家纺粗布，穿着可爬树上房，疯跑打滚儿，洗时可用棒槌在石上敲打，大风吹烈日晒都不要紧。可婆媳关系是娇贵的丝绸，穿着洗涤晾晒都有讲究，就算赔上无数小心，还免不了起皱缩水抽丝呢！说完，我又戏谑道："你还不是一样？在亲妈面前像个野人，一见别家长辈就开始扮文明人了！"他笑着咂嘴儿："还真是这样，人心皆如此呀！"

那个冬天，婆婆忽然学起了绣花。她眼睛好，心思巧，绣艺突飞猛进。每次我去，她都会打开柜子，向我炫耀各式绣好的鞋垫、拖鞋、枕套。我不绝声地夸赞，婆婆极受用的样子，一遍遍引我再说。凡我说了喜欢的，都慷慨地塞在我怀里。我只得张手接着，连声道谢。隔两天，她来不及地给我电话：“我又绣了新样子，你快来看呀！”

刚与婆婆订好约会，就接到妈妈的电话。她兴冲冲开言：“今年冬天冷，我给你做了条棉裤。”“棉裤！棉裤！”我咆哮起来，“你怎么不给我缝个虎皮裙呢？”她怯怯地说：“很薄的，知道你爱美，不难看！”我一口回绝：“宁可冻死，不能土死！”老妈在电话那头自己圆场地嘿嘿笑。

抽空去了婆婆家，弟媳、表弟媳、大姑子、小姑子等一众女性亲眷早就到了。大家一起参观婆婆的绣展时，啧啧连声。我却惊觉美人已老，那双昔日的美目，而今红丝袅袅，眼皮浮肿，眼袋凸显。所以夸赞了那些绝世佳作之后，我婉转措辞，要她适当劳作，养护双眼。婆婆硬说是刚刚炒菜油烟熏红的，小姑子一语戳穿：“你再别冤枉那老实巴交的抽油烟机了！”婆婆尴尬了一会儿，又兴致勃勃让我们试穿绣花拖鞋。我与弟媳相视苦笑：家里的鞋柜已被这些绣品塞满，每每踩着刺有精美花鸟的鞋底，心里都连呼罪过。

因为工作太忙，好久才去看妈妈。她依然是手里拈着针线，眯着眼睛缝东缝西。看她双目红肿流泪，便要带她去医院。她一再耍赖，说滴点眼药水就好，不必花那些钱。“少废话！”我怒吼起来，抱住她的腰部，直拖出门去。母亲瘦小，就这样被我押到眼科，乖乖接受检查，乖乖服从治疗。

而婆婆的眼睛，愈发浑浊，而且肩周炎又犯了。如果是亲妈，此时我定会暴跳如雷，出手夺下绣花针，命令她立刻向后转，出门晒太阳，扯八卦，跳老年舞蹈。可她是婆婆，我只能软语相劝，几乎憋出内伤。接下来，亲戚、朋友、亲戚的亲戚、朋友的朋友……都穿上了婆婆做的绣花拖鞋。

有一天，我看见小区清洁工阿姨也抱了一双，兴冲冲地往家走。我心里呻吟：婆婆的眼睛啊，你还安好吗？

妈妈的眼睛好多了，又张罗着要给我缝新棉被，被我一顿嘲笑挖苦给逼退了。

婆婆现在彻底走火入魔了，窗台上摆着各色绸缎和各色丝线，她织女一般端坐窗前，没日没夜地绣。我给她科普了大篇有关护眼的常识，她充耳不闻。我心一横，又讲起用眼过度的可怕后果，她只顾轻拢慢捻抹复挑，面容上是梦幻般的沉醉。我讪讪闭嘴，咽下了整整两堂有关颈椎病与肩周炎的讲座。

隔天，我给妈妈配了特别贵的老花镜，怕她不舍得用，骗她说配镜子的医生是熟人，总共花了二十五块钱。妈妈戴着眼镜到处炫耀，让我也收获了大堆溢美之词。

周末去看婆婆，见她愈发显得憔悴。这次，我坚决不要她新绣的枕套，老人家怒道："你平时说我绣得好，都是哄我的，你看现在就嫌弃了吧！"我哭笑不得，只是咳嗽。

婆婆有气无力地问五岁的孙子："你要不要奶奶绣的枕头？"小家伙朗声道："要！"婆婆眼睛一亮，宛如绝处逢生："要几副？"儿子根本不顾我这亲妈的怒容，只管讨奶奶欢心："要一百副！"婆婆热泪盈眶，喃喃道："好，好，奶奶会给你把结婚用的东西全部绣好！"我惊得说不出话来。这婚事也准备得太早了吧！

婆婆的事还未搞定，妈妈这边又出了状况。老太太乐滋滋地告诉我，那老花镜已送给二舅妈了，还说各位老亲戚都强烈要求，让我带去熟人那儿配眼镜，每人二十五块钱已交上来了。我气到几乎吐血，呜里哇啦地大叫一通，吼出真相。

妈妈这才知道闯了祸，懊恼得跟什么似的，在小板凳上坐着，连晚饭也不要吃。

我跺跺脚，以手抚额：这些婆婆妈妈，为什么总是这么难伺候呢？见我发脾气，妈妈忙孩子似的端起碗，一粒米一粒米地塞进嘴。

这时，婆婆的电话来了，要我替她从网上找些美人图样。她雄心勃勃，要替孙媳妇绣一架二十四美女的屏风。我温言软语，叫了无数声妈，搭上一千个奉承，才感化得她减去了十二位美女。我像哄孩子似的给她讲，不要总宅在家里做绣女，要学练太极拳，要继续舞剑，要常去公园看花花草草……我苦口婆心，直讲到嗓子生疼，明知做的是无用功，可就是停不下来。手机快要没电时，婆婆忽然感动："我以后会听你话，也只有媳妇对我这样好，自己的亲生儿女，讲起话来全像吃了炸药……"

我大喜，心中巨石扑通落地，转头找水喝，发现妈妈抱着碗，侧着头，满脸的羡慕。她轻叹一声："要是你对妈妈讲话，也像对婆婆这样，我都高兴死了！"我愣住，说不出话来。妈妈将一杯晾好的白开水递给我，我一低头，就看见了床上那条傻乎乎的棉裤，胸口顿时又闷又痛：明明知道会被嫌弃，妈妈偏偏不甘心，挑选了最舒服的面料，絮好自己种的棉花，千针万线地缝，固执地送过来。

这些年，我一直不肯长大，把任性当成真性情，以为真爱无须费心呵护。此刻我才明白，再纤细的针，如果横冲直撞乱刺一气，多厚实的棉布都会受伤的。

而母亲的心，是世上最柔软的布。若肯存爱惜之心，将针线顺着经纬穿进去，便可绣出所有的甜蜜与芬芳。

面对灯影里的妈妈，我想握住她枯瘦的手，想亲吻她苍老的眼睛，想把甜言蜜语一点点说给她听。只是喉头哽住，眼泪不停地流。妈妈慌了神，举起手来给我擦眼泪。她不知道，有时候，必得有一场眼泪，才能让我们从一个被宠爱的小孩，长成一个会爱的大人。

第31个故事 ▶▶▶

世上必有这样一人，爱你如生命

在爱里，孩子常常比我们更勇敢。无论你是光华灼灼还是灰头土脸，甚至在你表现出最糟糕的那一面时，世上必有这样一人，爱你如生命。

参加完招警考试后，我就收拾行李，打算搬出去住。老妈尚未出声，大哥大嫂却齐齐哀告：“小妹不要走，幼儿园明天就要放假，你走了那两个小东西就没有怕头了，谁吃得消？”

我哭笑不得：“我是警察，是抓坏人的，不是替你们吓唬小孩子的。”

大嫂惊呼：“这两个小鬼还不够坏？聚伙作乱，踩肩踹头，就差没有放把火烧我们了！”

大哥也抚额长叹：“耐心全部用光了，爱只剩下一格，头整日嗡嗡响……”

他们说的，是自己的一对亲生儿女。当初诞下龙凤胎时，两人相拥而泣，感激天赐厚爱，现在却又嫌弃这份大礼。什么人！

不过，这两个小家伙确实任性。叫花椰菜是老巫婆，胡萝卜是老巫头，说白开水有裤子味道，情愿靠可乐汉堡与薯条维系幼小生命。尤其不喜欢户外玩耍，只肯赖在动画片和小游戏里天长地久。俩小儿争霸时，尖叫推搡哭泣，要大人主持公道。兄妹联手时，创意无限：将奶奶的翡翠耳环放进浴缸，把酸奶倒进妈妈手袋，站在爸爸的 iPad 上称体重，叫大人手抖心跳。

有时闹得狠了，家人就会念咒语：姑姑要来了，咱们听话吧，姑姑马上就来了……两个小坏蛋会收敛许多，显出天使本性。奶奶感念：真是一物降一物，这世上必有一人叫你们怕呀！

我也并非杀人不眨眼的女魔头。他们忌惮我，无非是我火眼金睛，一秒钟便可识破他们的诡计，撒娇发嗲全不管用，说十二遍我爱你也不准喝可乐。我身手敏捷，每天能捉放他们七十次，嬉笑玩闹中，所有恶作剧都变成喜剧，孩子们自然又欢喜又服气。

面对这两个疲惫焦虑的人，我直言相告："你们留下我，是偷懒，是逃避，根本不想好好解决问题。"夫妻俩叫起屈来，说所有文明手段都用光了，若不是对手只有眼睫毛那么娇小，每天都想打人为生。

我笑道："你们连自己的情绪都控制不了，还想培养出讲理的孩子……"大哥不服："你行，你留下来呀！"我沉吟片刻："那我就试试。"大嫂说："我们跟着你学！"

第二天是周末，大哥大嫂要带孩子们出去玩。但他们充耳不闻，只是霸住沙发，摆出以看动画片为生的模样。眼看两个大人就要爆发，我暗暗切断电源，五彩缤纷的喧嚣影像瞬间消失。两个小儿对着黑屏望闻问切一番之后，彻底失望，决定告别家园，跟着我们去外面的世界闯荡。

哥哥计划开碰碰车，妹妹嚷嚷着坐旋转木马，两人达成的共识是——玩完就去吃快餐。小孩的愿望如此简单，让人不忍拒绝，尤其是那开心一笑如满树花开，映亮平淡人生。难怪哥嫂含笑应允。

但是，我认为他们小小的身体内有无限活力需要激发出来，更有多余热量需要尽情释放。于是，我们先到运动场跑步。我喊声加油，小家伙们一鼓作气，短短胖胖的小腿争先恐后，简直爱煞人。可再鼓而衰，三鼓而竭，两人吐着舌头蹲下耍赖。我立即俯身，前抱后背，跑完全程。孩子们咯咯大笑，要求再来一次。想得美！

我将他们放在草坪上，三个人在松软而富有弹性的草皮上向前滚。滚完整个大草坪后，哥哥以超出妹妹半身的距离获得第一。落败的妹妹大发脾气，扭头就走，大嫂虎起脸，准备批评这个输不起的女儿。

我摇摇手，建议再比一次，比赛喝水壶里的温开水。二人面面相觑，但好强的妹妹先挑战了一小杯，哥哥跳起来应战，你一盏我一盏喝得不亦乐乎，完全忘记输赢。

我们去公园里爬了一座小山，站在山顶，大团大团的白云傻傻栖在头顶，形状千奇百怪。孩子们说是妖怪在开演唱会，于是大家闭目谛听了好大一会儿。

出了公园，广场上有一群年轻人在跳街舞，我带着孩子们跟在后边模仿，直跳到头发都湿湿地粘在额上，乐得什么似的。那个帅帅的队长夸妹妹天分高，哥哥挺起胸膛问："我呢？我呢？"队长礼貌地说："你鼻梁高。"两人欢呼雀跃，赖在里边又跳了很久，并且力邀爸妈加入。

回去时他俩都乌眉黑嘴，不像样子，妹妹长发打结，哥哥衣袖剐破。老妈愕然："怎么弄得像原始人一样？"但两个原始人胃口极好，连晚餐的蔬菜和水果都抢光了。

吃饱喝足洗完澡后，孩子们又来了精神，吵闹着要玩小游戏。我可怜巴巴地说头疼睡不着，恳求他们给我讲故事，哄我睡觉。他们立刻照做，小声音又甜蜜又可爱。大哥若有所思："我平时爱看电视玩游戏，影响到孩子，小妹热爱运动，是好榜样。"大嫂反省道："小妹又有耐心，又肯放低自己。我太急躁，如果不肯学习，就算生了孩子也不懂得做父母。"

就这样，我们天天出去疯跑疯玩，花样百出，简直上了瘾。回到家又累又饿，孩子们哪还有力气挑食，更别提恶作剧了。偶尔，小朋友也会耍赖装病，都被我嘻嘻哈哈化解。哥嫂佩服之余，检讨自己遇此状况时，心情好就妥协，心情坏就发脾气，完全不像心智成熟的大人。

那天早晨，我接到通知，我的综合成绩排名第一，但未被录取。因为我的体检单上写着：嗅觉障碍。不怕酸辣腥臭，切洋葱从不流泪，我一直以为自己天生勇敢，竟不知这是缺陷。

我忽然变得安静，所有活力都被抽空。两个小人儿拥抱我，吻我，把所有好吃的都堆在我膝上。

妹妹说要带我去一个好玩的地方，那里有一万株红树在开花，坐车只要五块钱。我无动于衷："没有五块钱。"哥哥赶紧献计："我们用自己的脚走。"我断然拒绝："没有脚！"两人异口同声："我们背你去。"

最后是大哥开车去的。在入口处，有警察笑容满面地挥手："早上好，孩子们！"孩子们像发怒的小猫："早上坏，叔叔！"因我落选，他们傻傻地迁怒于所有警察。

这些日子，整个世界都颠倒过来：孩子们拉着我出去呼吸新鲜空气，想方设法让我再多吃一片苹果，时时呵护着我。哥嫂大为触动，感慨道："小孩子的心是明镜，投射的全是大人平时的思想和言行。你赠予猛虎，他便回你刺猬；你赠予蔷薇，他便回你整个美好夏日。"

我听了深深震动：此时，我的模样会是他们最坏的榜样吧！我左思右想，还是决定搬出去。跟老妈提前讲好，第二天黎明，趁着孩子们还在熟睡，我拿着行李悄悄离去。

刚刚走到楼下，就听到惊心动魄的哭喊：“姑姑别走！姑姑别走！”一回头，看到家中灯光亮起，窗户上映着两张可亲可爱的小脸，他们舞动双手，拼命呼唤。此时，海水般的晨曦染蓝了全世界，我心里的黑洞被温柔淹没，眼泪汩汩而下。

在爱里，孩子常常比我们更勇敢。无论你是光华灼灼还是灰头土脸，甚至在你表现出最糟糕的那一面时，世上必有这样一人，爱你如生命。假如运气够好的话，是两人。我们相互学习着爱与被爱，耐心地陪伴着彼此成长，细水长流，涓涓不息。

楼上，传来老妈熟悉的声音：“别闹，别闹，姑姑就要回来了。”

第 32 个故事

让我们成为彼此的春风

我们在每种关系中成长，渐渐看到爱的真实模样。我们成为彼此的春风，家才会成为夏日里的玫瑰园。

我有一个温馨的家，妻与公婆相处甚欢，人人眉舒目展。古装剧里婆婆拿簪子扎媳妇脑袋，都市剧里婆媳水火不容，只有我家总是言笑晏晏，满室春风。有同事朋友，为着家事烦扰不堪，总会羡慕我：这小子简直是老天照应，天生比咱们逍遥自在。

女儿出生后，我才知道：老天从不额外眷顾谁，若你饱暖洁净，一定有人在洗煎烧煮，洒扫庭除；若你春风十里，一定有人在你生命河的两岸植柳种花。我从前竟是个傻子，幸好有女儿，让我识得春风，识得夏雨，不再懵懂享受。

起初，我只是觉得奇怪，我全心全意爱女儿，却意外遭她鄙视。闲暇时，无论我怎么逗，她都严肃如得道高僧，但嗅到妻的气息马上表情趣怪，载笑载言。

我这一生，从未遭人如此厌弃，而且是我生命里最重要的人。我并未去探求真相，反而宽慰自己，等她大些，自然会认清慈父，我在自己的美梦里安心睡着。

谁承想，叫醒我的竟是一场音乐会。妻得到一张梦寐以求的票，足足高兴了好几天。现在，她做好了一切准备，只是女儿如长满刺的小苍耳，黏黏缠缠，吸附在妻身上取不下来。我笑嘻嘻去哄，老妈却在那边带着笑说："其实音乐在家里听也是一样的，未必非去现场，宝宝今早有些发烧呢！"听到最后一句，妻当即放弃，决定留在家里陪女儿。只是觉得可惜了票，临时决定送给另一位乐迷朋友。

我赶忙拦在前头：“小孩子头疼脑热都是寻常事，这场音乐会你等了足足一年，心心念念的……”老妈冲我直使眼色。我省悟到老人家散步的时间到了，不想在家看孩子，便笑道：“这有什么大不了的，孩子我来照管，你们都各干各的事情去吧！”

老妈笑弯了腰，细数着我管孩子管出的各种糗事。此时，孩子也配合奶奶，在我手里哇哇大哭，又踢又踹，认父作贼。这下子，妻更不放心了，说什么也不去，三两下摘了首饰，换上家居服。

我举着嗷嗷叫的女儿，诚恳地问妻：“我们的女儿也要长大，可能也会选择为人妻为人母，难道就要因此放弃自己的爱好，为家庭牺牲一切？那她的自我在哪里？你真的希望给她做这样一个榜样？”

妻愣住了，见我这样郑重，又不好驳老太太的面子，只是为难。我自作主张，替她拿来长裙和高跟鞋，鼓励道：“去吧，去吧，相信我不会委屈孩子，你不可放弃你的快乐，要让女儿看见幸福的样子。”

我背着女儿，跳起了猴子舞，小朋友竟破涕为笑，妻这才安心离去。

老妈轻敲一下我的头，嗔怪道：“你弄成习惯可怎么得了，以后媳妇拍拍手就走，我看你就天天像个女人般管孩子去吧。”我跳舞跳得气喘吁吁：“孩子就得两个人带啊。”老妈皱眉笑道：“你还不是我一手带大的，你爸爸只是闲时逗逗孩子玩而已，生为女人，这是天分。”

这句话平时听还不觉得怎样，此时听起来竟然刺耳刺心。我拥住女儿：“不，妈妈，不应该是这样的。”老妈皱眉笑道：“不跟你胡缠，我出去散步，不许中途打电话叫我回来。”

说来也怪，女儿刚还好好的，这两人前后脚一走，孩子就发起烧来。我慌了手脚，量体温时失手摔碎了体温计，喂水时又差点烫了孩子。做冷敷时，孩子指着毛巾鄙夷道：“爸爸，那是擦脚布，不能放我额头上。”我跌跌撞撞，一生从未这样慌乱、焦躁、进退失据。原来照看孩子不是凭谁力气大个头高心诚的，那真是要有技能的。

在我急难之际，锁匙轻启，妻自天而降，带着金光，挥挥衣袖就救出我来。

她接过孩子，用眼睛在那小额头熨一熨，准确地报出体温数字，轻松地准备了热毛巾、果汁和白水，连备用体温计和退烧药都摆在床头。小人儿舒舒服服地盖在被子里，万事妥当。

原来，妻知道小儿发热会反复，尤其夜里更会出状况，她到底把票送了人，轻轻松松放弃了这场梦寐以求的音乐会。我在感激之余，总觉得哪里不对。我永远记得她结婚前的样子：有时霞光滟滟，有时星辉脉脉，爱油盐酱醋，也爱阅读与音乐，像一颗钻石，五十八个切面，面面生辉。

如今，她将所有光亮都集中在家庭这个面上。凡是家人的事情都是最重要的，她自己的通通可以靠后。老妈身体不好，我又懵懂，女儿虽优秀，可毕竟才刚刚进入直立行走这个历史阶段，全家老中幼三代，多得她顾惜。当初她夜半喂奶，照料孩子，我都睡得香甜，简直是另一个婴孩。

我安然享受着这种超龄婴儿的待遇，我理直气壮地享用喜欢的饭菜、整洁的环境、温馨的气氛，甚至还不解地问妻子：同事夫妇为何放着好日子不过，整日鸡争鹅斗，丈夫苦恼得发际线退后好几米，妻子声音表情都如败絮，简直令人震惊。此时真相大白，我才是那个装睡的人。

试想，若干年后，女儿与一个相爱的人结婚生子，然后镇日含辛茹苦地操劳，那小子跷着脚舒舒服服吐烟圈，恐怕我会拼出条老命去捶人。执子之手之后，不是叫她的手洗煎烧煮，你的手绰在袖子里；与子偕老，不是她早生华发，你却风华正茂。好的婚姻与爱情，不是叫哪一个人荒废事业放弃爱好，而是两个人共同成长与进步。

孩子晚上又烧了两次，我没有像从前那样高枕安卧，而是仔细看着妻如何照料孩子，学着妻的样子给孩子喂水喂药。

妻嗔怪道："我一个人绰绰有余，你何苦夹在里头捣乱，不如养足了精神，明天好上班。"

我笑道："这就奇了，难道你不需要上班的，你熬夜不会老？"

说来也怪，经过这一夜的陪护，女儿竟然不拒绝我的照顾了，肯对我皱着鼻子笑了。

周末，我主动请缨，做出了焦柴味道的烤鸡翅、砒霜味道的蔬菜粥。洗碗时，因为太注重姿势的干练洒脱，砸碎了女儿喜欢的小鸡觅虫碗，女儿哭得翻倒在地。老妈佯装来踢我，女儿一骨碌爬起来，扑到我前面，含泪喝道："不许打爸爸！"

说真的，我受宠若惊，感激得想当场签约，终生为小女侠做牛做马。

我雷厉风行，接手了一半家事，也搞得整个家乌烟瘴气。我刚坐下休息，女儿已经拿着玩具车跑过来，把我的胳膊后背当作跑道飙车。

妈妈这条好汉，提起当年勇，感慨万端："当初我老；一肩担，家事全包揽，工作也没耽误。"她又自豪地讲到那些故事：爸爸可以随时带客人回来吃饭，自己再忙也会笑脸相迎、准备酒菜；平时头疼脑热都会瞒住家人，若无其事地上班和操持家事，生怕叫家人受一丁点儿委屈。

看着如今弱不禁风的妈妈，我喉头哽住：“妈妈，你年轻时吃了太多苦，才弄得现在老来一身的病。我希望人生能重新来过，你累时病时能理直气壮地休息，你不必穿廉价的衣服，不再吃剩下的食物。全家一起吃的苦叫相爱，只有一人默默吃苦是伤害……”说着，我眼泪儿欲迸出。而此刻女儿举着玩具车恰恰滚到我腋下，我扑哧笑出声来，悲伤散去，眼泪痛快流出。

我告诉妈妈：我想看到的幸福，不是在电视里，一家子笑逐颜开坐在丰盛的餐桌前，妈妈系着围裙忙乎；也不是在民国画里，爸爸歪在藤椅上跷着脚看报，小孩蹲在地上玩耍，妈妈背曲腰躬地在大木盆里搓衣服。紫藤花开得再好也没有用，妈妈会腰疼肩疼关节疼……大家心安理得地享受一个人的劳作，这不是幸福该有的样子。

妈妈茫然地看着我：“可我们一代代就是这样过来的呀！”我斩钉截铁地回答：“现在改变也来得及。”说真的，说起来掷地有声，字字磊落，气舒意畅，可做起来实在太难了。家事纷杂琐碎，直耗得人要老去。我时时想偷懒，想耍赖，想装回从前的糊涂，可每次看见女儿晶莹的小脸，我都会一点一点拾起志气，一点一点完成自己的诺言。

妻一分开身，很快把工作做得风生水起，叫众人刮目相看。她升职后愈发繁忙，我比从前更辛苦，夫妻之间也开始为家务起争执，女儿总是偏帮爸爸。老妈见状叹气道：“这可是你自找的，有福不会享，哭着喊着要做饭带孩子，现在后悔了吧？”我微笑摇头，说真的，我喜欢现在的自己：有责任心，有担当，比任何时候都成熟，配得上妻儿的喜爱与依恋。

老妈心疼我，要抽空提点提点儿媳妇，我阻止了。

老妈不服：“你们家里现在是一地鸡毛，扫扫够扎十个八个鸡毛掸子了，还不要人说了？”我笑道：“别担心呀，矛盾与纷争，也是相爱的另一种样子。”

我解释道：“过日子没有谁家天天是琴瑟和鸣，风甜雨酥，多的是唧唧哝哝，争长论短。长辈万万不能藏奸，如果怕自己孩子吃亏，手里扣着暗器，随时准备上阵拉偏架，那将会兵荒马乱……”

老妈忽然感慨：“你好像真的长成大人了，我听你的。”

女儿闻言跑过来，使劲踮起脚尖：“我也长大啦，奶奶也长大啦！”

这童言稚语真叫人开心，连刚进门的妻也笑出声来。

我们在每种关系中成长，渐渐看到爱的真实模样。我们成为彼此的春风，家才会成为夏日里的玫瑰园。

第 33 个故事 ▶▶▶

我和你的童话里下着雪

窗外飘起柔软的雪花，落地即化。窗台上的小锡兵和跳舞姑娘并排立着看雪，孩子们笑语盈盈，恍惚间，觉得这就是我要的那个童话世界。

1. 那触手可及的暖

人家女孩子结婚后，向往的是二人世界，清静甜蜜，最怕公婆姑嫂来掺和，一大家子叽叽咕咕，夹缠不清，可我却一直怂恿老公把婆婆请来。

冬至那天，气温骤降，我叹息道："婆婆在就好了，多个人吃饺子会香一些，屋子里有老人也会更暖和。"

老公只是微笑，把一只茴香肉馅的饺子，在调味汁里蘸来蘸去。我纳罕道："莫非你们母子关系不和，有什么误会，这可是用得着我这个儿媳妇的时候呀！"老公扑哧笑出声，把饺子塞进我嘴里："每个人都有自己喜欢的生活方式，你想太多，会生病的。"

这真成了我的心病，盼婆婆来，像等不及樱桃熟透，等不及白云变暖。

同事单刀直入地问："你想叫婆婆来住着，是谋她的钱呢还是谋她出力？"见我愕然，她淡淡地说："要不图什么，地球上的儿媳妇都愿意与婆婆隔开一个光年，除非你突发神经病。"

我默然，同事说得对，我住地球，我不是神经病，我确实有所图谋。

从小姑娘时候起，我就迷恋大家庭的热闹。那气氛，像圆圆胖胖的灯笼，有温柔可亲的红，有触手可及的暖。

爷爷生日那天总是下雪。窗外是琉璃世界，我家人头攒动，笑语盈盈。茶几上红着梅花，白着水仙，水果糕点盆子堆得冒尖。餐桌上火锅热香缭绕，水汽氤氲在窗，如凡俗人家的杨柳青年画，丰足安稳。

小小的我，渴望好花常开，好食物常有，好亲戚只聚不散。为此，我跑前跑后，讨老幼欢心：给奶奶捶个背，给爷爷捧杯茶，赖在叔叔姑姑怀里嬉闹一会儿。最是那年除夕，我还像模像样地给一群小弟小妹发压岁钱，令一众亲友稀奇得开怀大笑。

长大后，读书工作，与亲人渐行渐远。此时有了家，又想续做童年好梦。我的爸妈离不开那一班孙子孙女，不能常来，我也只好图谋婆婆了。

2. 找幸福的人

周末，给婆婆打电话，闲聊中得知她身体略感不适。我借题发挥，硬是要她来这边休养。婆婆辞了又辞，但我撒娇耍赖，老人家无奈投降。

老公问：“你这样咄咄逼人，懂不懂顺其自然？”

我仰起脸哈哈笑：“不懂。我就不成熟，就没有心机，我就是个胡揽蛮缠找幸福的人。”

听说婆婆要来，我妈长篇大套地训话：“小时候，你就爱缠着大小亲戚来家里玩。那时有妈妈洗煎烧煮，现在你是大人了，要舍得花钱花力气花心思……”啊，老妈越来越像训导主任，一辈子不让人毕业，真受不了。

见我噘嘴，老公抬起手，轻抚我嘴唇，并用指尖抹平我眉心。灯光忽然变甜，时光变慢，这样的小默契我真喜欢，真喜欢。

婆婆终于驾到，她紧张地说：“第一次当婆婆，请多多关照。”我笑到脚软手酥，觉得她根本就是个小女孩。

带婆婆去吃所有我认为好吃的餐点，一起看电影看美剧，聊音乐和戏剧，怂恿她换发型换护肤品，去买时尚衣饰，还姐妹般彼此换穿戴。一切看上去皆大欢喜。但敏感的我，还是从婆婆的笑容里，觉察到一丝忐忑与牵强。我由心里捧出大把糖果，得回谜一样的苦涩茶汤，如何甘心？

晚上，老公摸摸我头，戏谑道：“图穷匕首见，接下来，你该取出自己热脆鲜辣的心肝，做醒酒汤给老人家尝尝吧？”我鼻子一酸，呜呜咽咽说不成话，脸蒙在他温暖的掌心里，就那么睡着了。

早上醒来，我缠住老公，求他去问原委。他笑嘻嘻答：“传话的都是奸臣，两人面对面剖肝沥胆，多少哑谜解不开？”想起老妈曾告诫我：婆媳间有些话一说出来就变成刺，能扎在心里一辈子。但婆婆明天就要回去了。我坚定地去敲门，我就是那个固执的小孩，不给糖吃就不放你走。

婆婆老老实实地说：婆媳关系困扰她大半生，她渴望彼此尊重，轻松相处。我这样热烈的疼爱，令她受宠若惊。但她天性好静，习惯节食、散步、看书，穿宽松舒适的衣服。此番密不透风的吃喝玩乐，令她疲惫不堪，又怕逆了我心意，只能拼了老命来迎合。

我若有所思：每个人都是自己生活里的主角，我不能任性地要求所有人配合我。

午餐时，跟同事谈起这件事，她戏谑道："这老太太不好玩，演不了拿金簪子扎人脑袋的恶婆婆，也演不了含辛茹苦奉献的伟大婆婆，连装糊涂只管享乐的贾母都扮不来。不虚伪的人也未必好相处，是福是祸，瞧以后吧！"我勉强笑笑："看把你能的，好像经历了十个八个婆婆似的。"

3. 我要的童话世界

婆婆再次来，是在春天。

春风像饮多了酒，花开得醉醺醺，深绿浅绿淋淋漓漓。人像是一脚踏进梦里，可以笑，可以跳，也可以轻轻飘一会儿。花开到那样奢靡，人又何必矜持？

我邀请婆婆来看花，她欣然应允。没想到她来之后，寒流忽至，屋里冷得像雪洞，窗外风雨声从早到晚，花损柳折。而我，竟然毫无征兆地流产了。

婆婆留下来照顾我。没想到她行事那么洒脱，与我妈完全不是一路人。我妈时时让人诚惶诚恐，她吃咸菜给你吃排骨，她喝粥给你喝甲鱼汤，她总吃冰箱里的剩饭剩菜，单单给你做新鲜的。我虽然知道，老一辈人的节俭是刻在骨头和血液里的，但依然又心疼又生气。

婆婆就不同，她公平地待己待人，大方得体，说话又幽默，实在令人轻松。

我家柜子里存着许多布头。妈妈来的时候，喜欢做些小被子小枕头，那些七零八碎的布头，缤纷迷人。我忽然兴起，教婆婆做女红。

婆婆很有天分，在我的指导下飞针走线：葱绿桃红的软缎缝成抱枕；素雅的碎花布拼成小包；平庸的没有特色的布头，做成童话里的人和小动物。

今天，邻居小朋友热热闹闹聚了一屋子，我们把这些礼物一样样赠予孩子。喧笑声中，婆婆接了一个电话，微笑着告诉我们："医生说，我的乳腺癌被排除了。"我和老公惊得说不出话来。

我们隔着花篮，笑着流泪。生命里随时都有结结实实的疼痛，也有真心厮守的安抚。值得庆幸的是，在恐惧的日子里，谁也没有失去欢愉的能力。

窗外飘起柔软的雪花，落地即化。窗台上的小锡兵和跳舞姑娘并排立着看雪，孩子们笑语盈盈，恍惚间，觉得这就是我要的那个童话世界。

第六章

人生有很多破洞，填补亦不能光洁如初。如能咬牙挨住，可以在这些破洞里栽种花树，收获快乐与满足。人间，到底欢乐多。

Chapter 6

人间到底欢乐多

第 34 个故事 ▶▶▶

走夜路，就大声唱歌吧

雪，如果不够坚硬，就会忘记自己曾经的颜色；如果不够柔软，就无法开成晶莹的花瓣。一个人如果使劲难过的话，就没有力气干活、玩耍、唱歌了。

那天我到邮局时，已经快下班了。

大厅里，只有一位红衣女士在取款：一沓一沓厚厚的钱，就那么拿张报纸随意包包，夹在胳膊底下就走。呵，财主！

途经夜市时，我居然又看见了她。一个人坐着吃喝，那个纸包就搁在桌子上，松松散散，旁边是一袋樱桃糖。我迟疑了一下，过去提醒她把钱放好。她笑笑，未置可否，却一定要请我喝杯杏皮水。

我坐下来，第一次正面打量她：黑镜子般的眼睛，连眼睫毛都是光彩熠熠的，整个人像夏季雨水洗过的草原，大气清爽。

她说，这钱是借来还账的。老公做生意被骗，债主盈门。就在昨晚，她还假装撒泼耍赖，有人怨怒，有人求告，多年的好乡亲都翻了脸。一想到明天那些人接到钱又惊又喜又愧的样子，她就拍手笑起来，像个恶作剧成功的小女孩。

我也被感染得笑起来，随即惊骇：这样的祸事，也是能与陌生人合伙大笑的吗?

她又给我讲她儿子：一个放羊的小伙子，喜欢唱歌，给羊群唱够了，忽然想去省城学唱歌。她说儿子唱歌怪声怪气，不过马和羊都爱听。她眨眨眼睛："也许有很多听歌的人，能像马和羊一样喜欢他呢！"我啼笑皆非，这是什么话!

她叫萨吾烈，住在离市区八十公里的草原上。

天一黑，暑气渐消。萨吾烈站起来，说要回家，我以为她要去坐夜班车。她摇摇手，调皮地一笑，带我去一家餐馆的后院。

天哪，我看到了什么？一匹马！我想走近看仔细，那匹马忽然喷起鼻子，我立刻举双手投降，退出好几步远。萨吾烈边给马喂糖边说：“刚才太热，让你凉快一会儿，现在可以赶路了。”她一翻身就上了马，我不可置信地大叫：“喂，太远了啊！”她摇摇头：“不远，我翻山抄近路，唱唱歌就到了。”

那是多少首歌的路啊，够她的儿子开演唱会了吧？

此时，正值下班，车辆连绵不绝。萨吾烈红衣飘动，马儿昂首长嘶，翻动四蹄，直把这繁华市区视如茫茫草原。一群放学的中学生尖叫起来，打着口哨，向萨吾烈致意。年轻的交警噔噔噔跑几步又站住，眼睁睁看着一人一马远去。

她已经开始唱歌了吧？我微笑着想。

第二次见到萨吾烈时，已经是冬天了。还是在邮局，我裹着件棉被似的羽绒服，她只穿件深色外套，毫不畏寒。她来给儿子寄钱，说刚才交警把她的马拦下来了，告诫她很危险，下次不许再骑。

我问：“你为什么到这么远的邮局寄钱？为什么不坐车？”

她笑嘻嘻地回答：“这样好玩，马也高兴。”

这样辛苦地翻山越岭，我以为有什么不得已的难处，竟然是为了好玩！

我陪着她去牵马，萨吾烈又给马买了一包樱桃糖，笑称是给小女儿买的。可那马不知怎么了，喘息急促，走路直打晃。市区没有兽医院，我们去了距离最近的一家小诊所。护士说医生的女儿今天订婚，他必定大醉，醉了必定要找人摔跤，能摔一下午，今天不可能来。问到地址后，萨吾烈人就飞了出去。而马已经躺下，时不时抽搐一下，平时那样威风凛凛的庞然大物，此时却像个柔弱的婴儿。

我试着喂给它一粒樱桃糖，它睁开湿润的眼睛看我，又悲哀，又温柔。

我心慌得厉害，不停地看表，祈求奇迹出现。忽然间，前面人声嘈杂，愁肠百结的我也不禁笑弯了腰：那英勇的萨吾烈，肩上扛着一个胖大的男人飞奔而来。那人哇哇乱叫，手脚舞动，后面还有一群人在追赶。这正是大醉的医生，他下得地来，一见患者是马，又恼怒得跳着脚骂人。萨吾烈死死抱住他的腰，不放他走。闹嚷声引得半条街的人都出来了，你推我挤，笑语声沸沸扬扬，像看灯。

后面赶上来的医生家人要报警，其中一个高瘦的女孩分开众人，冷静地说："你放开他，我是宠物医生，有兽医证书，让我看看。"原来，她就是医生的女儿，今天订婚的女孩。

女孩冷静地检查，配药，掰开马嘴灌药外加肌肉注射。她轻拍马颈，喃喃说："宝贝，我已经尽力了，你也要尽力。"我紧张地握着拳，指甲陷进肉里。萨吾烈俯在马耳边，低声说话，低声唱一首我听不懂的歌。

路灯亮起来的时候，马死了，被防疫站的车拉走。萨吾烈哭了，我是个俗人，赶紧问马的价钱。萨吾烈说，这匹马跟亲人一样，债主逼得紧时，有人出四千她都不肯卖。她含泪做着鬼脸："如果四万就可以。"旁边的人哄然大笑。萨吾烈忽然叫道："那个交警会算命啊，他一早就告诉我骑马很危险，我还以为危险的是我呢！"这一回，连端然的女医生都笑了。

笑声中，萨吾烈突然向着女医生跪下，笑声骤然停止。她仰起头说："如果以后有人欺负你，不管是谁，我都会找他打架。"周围的人面面相觑，女孩动容，一时说不出话来。萨吾烈向醉酒的医生致歉，并交付了药费。她穿上那件团得稀皱的外套，去坐夜班车。

我陪着她走，看看手里的樱桃糖，忽然落泪。

萨吾烈推我一下，说："如果使劲难过的话，就没有力气干活、玩耍、唱歌了。"

萨吾烈说：她的丈夫，规规矩矩当了十多年教师。寒假里，本来只是去省城看儿子，可忽然动了发财的心思，想捎带着做点皮货生意。整件事就坏在他名声太好，牧民们挤破头，打着架要把皮子赊给他，赊了半屋子。

我擦掉眼泪，问："你也没劝劝？"她笑起来："我跟他打了一晚上架，牲畜惊得乱叫。打到天亮，人累成了烂泥，邻居们拽住我，帮着他逃走了。"

说到儿子，她更加活泼。先学着儿子跳舞，又学着儿子唱歌。我骇笑："这是什么唱法？声音这么古怪。"萨吾烈解释："他小时候生过大病，嗓子坏了，看过很多医生都没办法，可他偏偏喜欢唱歌。"

我一惊，在心里啪啪地按动计算器。一个男孩在省城学习的消费：学费，食宿费，理发，偶尔生点小病……最重要的是，他根本没有唱歌的潜质。我吸一口气，问："你知道你们在努力做一件傻事吗？"

萨吾烈说："不傻。他说他现在经常做梦笑醒，有时是冻醒的。"

我震了一下：是的，马会爱上樱桃糖，坏嗓子会迷恋上唱歌，红梅可以约会冬日的花信风。爱太好，不爱才傻。

忽然，什么东西掉在睫毛上，我仰起头：下雪了！

纷纷扬扬的雪，扑到我脸上，憩一下又飞走，像岁月。萨吾烈继续唱歌，用她自己的声调。雪，如果不够坚硬，就会忘记自己曾经的颜色；如果不够柔软，就无法开成晶莹的花瓣。

她扯扯身上的外套说："我儿子寄来的，还有个红裙子更漂亮，下次穿。"她在漫天白雪里跳着走，像只有十七岁。我又笑起来，真的，跟萨吾烈在一起，很少有不笑的时候。

这个明亮的哈萨克族女子，在常人中间，她够格算是个大力士，与命运拔河时，力气又嫌太小。可是，打完该打的架，流出该流的泪之后，她就开始跟苦恼平起平坐，像对待老朋友那样打趣它们。她公平地对待厄运、疾病和死亡，不臣服，不憎厌，不迷失。她也公平地对待她自己，就算整个世界蓦然变成黑白片，哭过闹过之后，她仍然会往头上插一枝嫣红的山花。

第 35 个故事 ▶▶▶

你好，坏时光

若不执着于哀伤，坏时光也没那么痛彻心扉；若不沉溺于恐惧，冰雪之上还有好花静开。

再恋爱时，她已过四十岁。作为闺蜜，我喝着她煮的咖啡，肆意毒舌："搁在别人，也还算春风吹，可偏偏是你，再甜蜜，也像冰激凌落到冬天的胃里，叫人担心可否消受。"

"绝交！"她恨恨出声，又嫣然一笑，"周六再绝吧，说好周五你请我吃火锅的！"每一年，她至少跟我绝交三乘三十次，谁在乎？我在乎的是，她会否再次受伤。

她一心一意爱一个人，由十六岁爱到四十岁，还是以离婚告终。她从洋娃娃变成了洋阿姨，可那颗心却由玻璃变成了水晶。

因为心思单纯，隔了二十余年，带着那些好了的伤疤和忘记的疼痛，她的恋爱仍是十六岁的感觉：天上云飘飘，地上人笑笑，柳丝摇呀摇。

她在签名上大声说爱，在微博里晒幸福，在任何地方都捧着蜜罐子叫人看："蜜汁！蜜汁！甜的，我的！"她像只有六岁，没心机，没眼色，没留一丝退路。

按说也不小了，可一爱，就拍手唱歌，大笑大叫，要空气阳光全知道，要天地人神都听见。

听说是网恋，我顿时心惊肉跳："你这男友，该不是网购赠送的吧？"她充耳不闻，脸上是六岁孩童的笑意。

接下来，我眼见她痴痴爱，眼见她长相思，眼见她情切切跑去银行打款。据说，男友家人罹患重症。然后，恋人一无消息。我的心，跌至谷底，摔得粉碎，做她闺蜜，真是催人老。

她在微博里惊叹：看烂了的本埠新闻，也会发生在我身上！

这段爱，高调出场，高调谢幕。她虽不发恶声，可那工蜂般辛苦赚来的钱财，还是放在心上的。

凌晨三点，她敲开我的门，跟我谈那堆刻骨铭心的钱，说没什么大不了，权当看病了，贼偷了，发大水冲走了。

我旧病复发，再次毒舌："看什么病？你比水泥桥墩还结实！上次感冒，开了八十块钱的药，你才吃了五块钱的，就一键还原欢蹦乱跳了。这辈子只被毛贼偷过一次，还凶相毕露，把人家追得口吐白沫，原包奉还。至于发大水，我们这地方一年下一次雨，一次下五分钟，得攒两百年才能冲走你那堆钱吧！"

她幽幽道："那么，就当我俩吃火锅吃掉了。"我愤然开口："我没那么能吃！少把恶人的肥肉，套在好人腰上！"她哽咽起来，抽抽搭搭地睡着了，睡了将近二十个小时。我知道，这一觉醒来，这段坏时光，就算翻过篇了。

年头岁尾，大家都忙，疯狗一样地加班，加到六亲不认，朋友更成了外星球生物。好不容易闲下来，立刻拨她电话。那一头，是太阳晒过糖渍过的欢喜：恋爱了，思念了，花开了。声音俏俏的，说此时她家窗外锦绣成堆，鸳鸯蝴蝶飞，阳光赖在她家屋檐不走。望着窗外灰不啦唧的天空，我一遍遍确认，她说的可是这座小城。

当我听说还是前面那个失踪的男友再次出现时，惊得像跌入噩梦，一迭连声地追问："钱钱钱还了没有？"她大声回应："还了！"我紧追不舍："是双倍还是原数奉还？"她笑得什么似的，仿佛从来都没哭过。

暮春，她约我去草原看日出，说新男友也会去，大家见个面，我顺便帮她把关。这本是父母操的心，为什么我这闺蜜得一把屎一把尿地前后侍奉？她淡淡说，男友会带烤炉和锅灶去，到时可以吃到正宗的烤肉和奶油蘑菇汤。我立刻收起抱怨，说下下任男友也请让我把关。

那天，我几乎没有机会说话，红酒和烤肉统治了我的嘴巴。我只拿眼睛打量他们：两个都是中人之姿，看眼睛是孩子，看皱纹也老了，被时间或轻或重地磕过碰过，但脸上有种欢喜相，再沧桑，也是一对可人儿。

夜幕四合，篝火熊熊，她与男友端着酒杯，加入跳舞的人群当中。红酒泼泼洒洒，酒汁撞着火光，浸在沙里，空气甜蜜，人声恍惚，没有什么被浪费。

夜半，寒流忽至，大风横着吹，我们没能看到日出。回去的时候，下小雪，车坏在荒郊，手机没有信号。山里冷，道旁的溪水结成明亮细长的冰条。她提议下去溜冰，一下车，我们几乎同时惊叫起来：对面的山崖上，开满淡黄浅白的小花，在阴霾里摇着手，似在一遍遍说什么。

她忽然学着那些小花，对着阴霾扬起手："嗨，你好，坏时光！"

我一下怔住：她有过大把大把的好时光，也有过大段大段的坏时光，可她从不欺负自己，公平对待自己，给爱机会，也给伤害机会。若不执着于哀伤，坏时光也没那么痛彻心扉；若不沉溺于恐惧，冰雪之上还有好花静开。

你好，坏时光。

第 36 个故事 ▶▶▶

所有辗转流离的，都会安然归家

失物能言，失物善语，笑声会传很远。心事有树洞可憩，所有辗转流离的，都会安然归家。

昨晚又梦见妈妈，梦见她在小园里照料蔬果和鲜花，我只有五岁，缠在她臂弯里笑啊笑的，就这么笑醒了。刷牙时，吃早餐时，都会不由自主地微笑。

可一开门，所有的好心情都被臭跑了。噩梦般的气味充溢着整个楼道，像生化战争。新搬来的对门又将积攒多日已经渗漏的宝贝垃圾堆放在门前。

我不抱希望地去按门铃，果然像前几次那样，屋里明明有声音，却无人应门。

忽然，戴着口罩的保洁员一声不吭地冲过来，奋力捶门。我永远叫不开的那扇门訇然洞开，妆容精致的芳邻双手叉腰，眼睛里飞出刀子来。但这根本没用，女工挥舞着扫把怒吼，限她这一秒将地面收拾干净。芳邻竟然一言不发，垂下眼睛，乖乖照办。我佩服到目瞪口呆，几乎要向女工敬礼。

出了楼门，秋气凛然，我患腱鞘炎的右手隐隐作痛。拿出手套，偏偏少了右手的，到底掉在哪里了呢？

前面是一所小学的后门。如果不是心有挂碍，东张西望，我大概永远也不会发现：围墙下居然有张小石桌，而我丢失的那只手套，竟好好地搁在那里。旁边还有卡通手表、眼镜和笔袋等，这简直是失物们的秘密会所。

桌上摊开一本带笔的便笺，我只看了一眼，就被那些稚拙的文字吸引了。钥匙说：“谢谢你捡到我，我是开教室门的，要是丢了，老师和同学都进不去，站在走廊里上课会更好玩吧？”

有一页，字写得特别大：“妈妈问我，你天天都丢东西，怎么不把自己也丢掉呢？我说，小孩子是不能把自己丢掉的，都是被大人丢掉的。”再翻一页更有趣，戒指说：“偷偷把妈妈的婚戒拿出来戴，弄丢了也不要紧吧？反正妈妈又不会再结婚。”

我不禁笑出声，刚刚还是苍灰的天空，瞬间出了太阳，金色滴滴答答，溅湿了这些童言童语。也许没有老师规定的时间和题材，不会评分，才写得这样可爱吧！

手套说：“丢掉真开心啊，认识了好多失物，听到好多故事。”我认真地写完留言，恋恋不舍地离开。忽然听到一声大喝：“站住！”清洁工大侠站在五步开外，有股能立取我首级的气势。我不知自己触犯了什么天条，惊得一动不动，前面的小男生也乖乖立正，等候发落。大侠跨过来，将我脚边的一团口香糖清理掉，并指着小男生说：“这是第三次，如果不是看你快迟到了，一定会让你扫干净整条路。”小孩吐吐舌头跑了。我拭去额上的冷汗，不禁苦笑道：“他只是个孩子……”

大侠回答：“没有好习惯的孩子，就会失掉长成好大人的机会。”我怔了一下，竟然觉得很有道理。

后来发现，这位女工简直就是小区女王。一听到唰唰的扫地声，清早遛狗的老人，马上停止了清理喉咙；小狗也从花丛中溜出来，规规矩矩走人行道；正在看那些小句子的我，以目光向她致敬。

那些日子，我简直像着了迷，渴望看到更多的失物语，想知道从前那些写满的本子都在哪里。我问过小学校传达室的老人，问过对面蛋糕房的小姑娘，但他们都一无所知。那天，我向一位正写留言的小女生打听，她告诉我是魔法师送回失物并拿走留言的。

这时，嘈嚷声忽起，又是那位女王站在人群中大吼。原来，有位小伙子私家车的遥控钥匙丢失，贴了满世界的寻物启事，承诺捡到者酬谢两百元。清洁工交还失物时，小伙子耍滑头，拿着钥匙撒腿就跑，被暴脾气的女王捉了回来，最后小伙子到底如数交出钱来。

女王拿着钱反而愣住了，原来她不识字，根本未看过启事。她只是气恼这位失主太失礼，连一句谢谢都不会讲。

女孩嘱咐我千万不可将秘密告诉坏脾气的扫地阿姨，如果她一扫把扫飞本子，魔法师就会吓得永不出现了。

天越来越冷，我看到了一位小朋友的信：亲爱的魔法师，因为一位叔叔开车太快，我妈妈出去晨跑再也没有回来。每天放学时，整栋楼只有我家厨房的灯没有亮，按门铃时，没有人为我开门。我知道，妈妈就是那么爱开玩笑，她每次藏起来，直到我生气了才出现。现在天越来越冷了，魔法师请提醒她藏在暖和一些的地方，请告诉她我没有生气……

像洋葱的气味蓦然来袭，我胸口酸热，眼睛模糊。这小孩与我何其相似。那天，我看见一顶妈妈喜欢的帽子，付款后才惊醒，妈妈因癌症已去世半年了。那一刻，如一脚踩空从高处坠落。我们骤然丢失了心的某一部分，不能再任性地哭闹撒娇了，但也渴望有一双手，在惊惧的坠落里接住自己。

我想告诉魔法师：我积攒了些小笑话想讲给妈妈听，有些小得意小委屈想倾诉，想让她知道那顶帽子有多漂亮……

但就在第二天，魔法师竟然消失了，再也没有回来。小石桌一直是空荡荡的，连保洁员都换了新人。

翌年，旅途中，我在一家餐厅吃饭，结账时发现玻璃板下压满了熟悉的便笺纸，急忙凑近了看，是打印的，但其中有一张正是我写的！它们怎么会跑到相距三千里的城市？

收银员告诉我：便笺是她妈妈珍藏的宝贝，妈妈在小区做保洁，工作地点在一所小学附近。学生年幼，又喜欢嬉戏追赶，容易失落东西。妈妈扫地时，会将这些小物件捡起来拾掇干净，搁在校园后门的石桌上，让主人自行认领。许多小孩留下谢条，听女儿读过后，妈妈爱煞了这些文字，就准备了好多便笺本，孩子们什么都写，一下子就攒了很多。

我喃喃道：原来是她！

女孩说，妈妈喜欢孩子，远近的小孩都爱去她家玩。

春节时，有几个小皮猴子，悄悄拿了她三盒子便笺去点篝火，这差点要了妈妈的命。痛定思痛，她叫女儿帮忙，用手机将所有便笺拍下来存进电脑。女孩还打印了一些，带到这三千里外的城市，她在这里上大学。

女孩大方地答应与我分享，我们互换了联系方式。我深爱这些小句子，更敬重这位喜怒分明的女王。她目不识丁，手不善写，但并未错失这人间美意。

失物能言，失物善语，笑声会传很远。心事有树洞可憩，所有辗转流离的，都会安然归家。

当听到失物语的中断是因为女王得了乳腺癌时，我仿佛被当胸打了一拳，踉跄着离开。火车轰隆隆地向前开，我心里的沙尘暴涌起，白天变黑夜，植被退缩，万物寂灭。我以为，我喜欢的人都有义务活至五百零五岁，铜干铁枝，花柔叶润。

手机忽然一响，女孩发来一个龇着门牙的笑："嗨，我妈妈活着呢！她做了手术，已经康复，失物语又开始连载啦！她现在一口气能扫干净十二条街道，制服十个随地吐痰和乱扔烟头的人，外加三只随意便溺的宠物。要相信，女王不死！"

我抖着手，打出一串乱码。对方说："请冷静，我还有重要消息发布。"我的心猛地一沉，我知道癌症是个死皮赖脸的家伙，随时复发。

她说："你忘记付餐费了，二十六块钱。"

我流着眼泪笑啊笑，车窗外月色汹涌，像一场盛大的焰火。

第 37 个故事 ▶▶▶

向你的梦想鞠躬

妈妈的梦想，就像我幼时叠的纸飞机，被风揉过，被雨泡过，也落满了岁月的尘埃。可是只要举起来，呵一口气用力飞出去，它仍然是一架满载人生喜悦的飞机。

我曾在暑期吉他班里，替朋友客串半个月的老师。

点名的时候，竟有个拘谨的中年女人答到。我吃了一惊，按她的年龄和衣着，应该出现在小区的秧歌队，或者公园的健身操行列才对。可是，她却怀抱着吉他，坐在一群青春飞扬的少年中间。

少年们纤柔的手指如得宠的精灵，弹拨扫按，轻松洒脱，很快就会弹简单的曲子了。而她的手枯瘦粗糙，显得极为僵硬。一个星期过去了，她还在笨拙地练习爬格子。

起先，我还担心会有同学笑话她。可大家看上去都特别尊重她，包括那些学生的家长，对她也很客气，我不禁有些诧异。在课程将要结束的时候，我终于从学生口中知道了她的故事。

五岁那年，她爱上了小朋友家的钢琴，乖巧的孩子大哭大闹起来。家境虽清寒，可她也是父母的豌豆公主。父亲答应，十五岁时一定送她一架钢琴。

她总怕父母会忘记，于是，每个生日都撒着娇，要他们承诺了再承诺。可真的快到十五岁了，她却终于明白，父母肩上的担子太沉了，老老小小一大家人，都靠他们的肩膀撑着呢！

十五岁那天，点燃蜡烛后，父亲与母亲对视着，有些欲言又止的尴尬。懂事的她掏出一把口琴，笑着吹起了《生日快乐》。弟妹们抢着吃蛋糕，简陋的屋子里，满是笑声。她握着口琴，感觉这就是自己的钢琴，只不过变小了，很乖地贴在掌心。

初中毕业后，她在一家火锅城做了服务员。天天忙到深夜，腿和脚都肿了，头发里全是火锅的味道。可想到自己能减轻父母的负担了，还能慢慢攒起买钢琴的钱，她的心便成了琴键，叮叮咚咚地响起些小小的快乐。

婚后，丈夫深爱善解人意的她，也为她的梦想动容。他轻轻对她说："相信我，再过三年，我们一定会有钢琴的。"她摇摇头："不，我们还是先买车吧。"丈夫是开出租的，一直梦想能有辆自己的车。

丈夫为她买了许多钢琴磁带，只要走进小小的家，就会有她爱的音乐。她在音乐里做家务，在音乐里给丈夫发短信，嘱他开车要小心。连小小的儿子，听见钢琴曲也会手舞足蹈。

看着陶醉的儿子，她的心有一种幸福的痛惜。她辞去了服务员的工作，去一个菜市场，专门给人杀鸡剖鱼。活儿虽苦，可挣得也比从前多。

菜市场里，流行歌曲唱得热热闹闹。她的耳朵，捕捉着各种伴奏的乐器声。

每一样都是好的，若遇见钢琴声，就像遇见老朋友一般，脸上会浮出笑容。心里有幸福的人，才会有那样会心的微笑。

儿子上小学了，就在他们喜气洋洋去选钢琴时，老家的舅舅打来了电话，说他的小女儿得了腿病，没钱做手术。全家一致同意，将两代人的梦想，移植到那个十六岁的女孩腿上。那个花季少女，也应该有许多水晶般的梦想吧！

这时候，两家的老人也渐渐成了医院的常客。他们夫妻都是家中的老大，照顾老人，帮助弟妹，所有的担子一股脑地压过来，日子一直过得忙忙碌碌。

不知不觉间，儿子已上了高中。那是个争气的孩子，每学期都拿一等奖学金。

可是，她的手开始莫名其妙地痛。拖了很久才做检查，诊断是类风湿性关节炎，指关节已经僵硬变形。吃药、理疗，效果都不太明显，每天早晨都痛到痉挛。

儿子用奖学金替她买了一把吉他。他说："妈，你先试试这个，活动活动手指。等以后，我给你买钢琴。"儿子长得比父亲还高了，黑黑的眉毛，宽宽的肩膀，像一个真正的男子汉。

丈夫为她报了这个暑期班，于是，她抱着吉他来了。她笑呵呵地说："从口琴到吉他，我离钢琴又近了一步。"

接着，儿子以《妈妈的梦想》为题，参加了地区举办的中学生演讲大赛。讲完妈妈的故事后，他深情地说："妈妈的梦想，就像我幼时叠的纸飞机，被风揉过，被雨泡过，也落满了岁月的尘埃。可是只要举起来，呵一口气用力飞出去，它仍然是一架满载人生喜悦的飞机，而不是一团面容愁惨的废纸。"

我的学生告诉我，那个哥哥的演讲，在比赛现场就赢得了无数掌声，后来在本地的电视台转播时，更让许多人为之感动。

我转头凝视着我的学生——她正在专注地弹练习曲，每个音符都弹得很认真。

结业的那天早晨，她也上台表演。尽管她平时练得很熟了，可此时那些调皮的音符，显然不想听命于那双痉挛的手。一首简单的曲子，她弹得艰难无比，额上的汗都微微沁出。我心里默默地想：她的手，一定很痛吧。

同学们在台下轻轻为她伴唱：你已归来，我忧愁消散，让我忘记，你已漂泊多年，让我深信，你爱我像从前，多年以前，多年以前……我怔住了，我从未听过这样动人的合唱。

生硬艰涩的弹奏，渐渐变得柔和动人。我端详着这个四十二岁的学生：她的唇微抿，面容安静如水，眼睛里有淡淡的光辉。这是我所见过的，最执着地爱着音乐的人，一个值得尊敬的人。

一曲终了，所有的少年都自动起立，并长时间热烈地鼓掌，大家轮流上前拥抱她，像拥抱自己的母亲。我也静静地站起来，向这位大我十九岁的学生，深深地鞠了一躬。

她是个普通人，既懂得抗争，又懂得妥协，她享受音乐带来的快乐，却从不回避生活的责任。她乐观地活着，什么都不抱怨，她活出了独立的生命个体特有的精彩。

所以，没有人能够看轻她的梦想。

第 38 个故事 ▶▶▶

给万物打上柔光的人

在我心里，她一直是个簪花少女，笑起来的时候，像是给周遭万物打上了柔光，有本事将任何糟糕的事情变得美好。

第一次见到那位老人时，我与她并排坐在一辆开往医院的公交车上。母亲手术后出现并发症，吉凶未卜，我心情糟糕透顶，一言不发。

车行至终点，老人忽然惊喜地叫我看：路边高树上花开得挤挤挨挨，风一吹，纷纷扬扬洒了半窗花瓣，她拈起一朵嫣红，簪在雪白发间，笑得好像只有六岁。

在她的感染下，我也不禁笑出声来。

第二次相见，还是在这趟车上，我赶着去给住院的母亲送饭。车内拥挤不堪，心力交瘁的我腿软头晕，摇摇晃晃。忽然有人让座，正是那位老人。我惶恐辞谢，她拍拍我肩，示意我安心坐下。那瘦削的手腕上，系一条玲珑的蓝色花串，叫人心静。

后来，我再也没有遇见过这位老人。每每想起她的花，我都会不由自主地微笑，感觉生活没那么糟糕。

母亲终于康复，我心情大好，周末去五十公里外的沙漠石窟游玩，却不幸误了最后一班回程车。正沮丧到想哭，有放羊老人指点我，沿着这条路一直向前走，在有沙枣树的地方停下，可以等到加开的那班回程车。我紧紧抓住这最后一根稻草，狂奔过去，心急如焚地等了半小时后，有位赶马车的好心人告诉我，加开的那辆车已坏在镇上，不必再等。看着夕阳渐坠，我的心慌乱得像大风刮过的麦田，不知如何是好。

远远地有人踏歌而来，接着，我又看见了那位熟悉的老太太。她头戴红柳花冠，歌声明亮而温暖，一见面就惊喜地抱住了我。现在，一切都有了着落，我有吃有喝有住，还有一位可爱的老朋友，怎能不欣喜若狂呢？

老人的家，在一片绿色的瓜园中。我望着满地成熟的西瓜，诧异地问：眼下西瓜正抢手，为什么不赶紧卖掉？老人说小路狭窄，车子开不进来，这些瓜须靠人力背到大路边。她请好的三个工人，早就付了定金，却被邻村高价挖走，今天在镇上足足寻了一天，根本雇不到人手。

我急得直跳脚，她倒反过来安慰我："事情没那么糟，老天会帮忙的。"我苦笑："你以为老天是工人，一天能雇用三个？连付了定金的都能毁约，你还指望没有交情的老天爷？"她忽然手搭凉棚，快活地笑："老天派人来帮我了。"一个步履蹒跚的小伙子，推着自行车走过来。我嗤之以鼻："这人病恹恹的，哪里能干活！"老太太笑："那是饿病，米饭红烧肉就能治好。"

这小伙果然吃了三大碗饭，半盆红烧肉。他说自己是骑行者，在沙漠里迷了路，食水皆尽，险些丧命。我急不可耐，几次想指引他报恩的捷径，都被老太太岔开话题。我赌气道："老天派来的人，你也敢放过！"老太太摇头，怜惜地说："这是个伤了心的小孩，叫他好好休息。"小伙子忽然哽咽，说自己是个医学专业的学生，因失恋心碎而休学，已经骑行过十一个省市，依然无法将心拼拢。老人凝神倾听，并为他斟上杏子酒。我却抓心挠肝：那些西瓜怎么办呢？

良久，小伙子喃喃追问："我付出那么多，为什么得到的却是背叛？"老人并未作答，却谈起那三个失信的工人，其实他们与老人关系密切，相当于自己的孙子。老大因为经常帮朋友打群架，被父母逐出家门，老二是动不动离家出走的问题少年，老三是跟着亲戚生活的小受气包。他们常常来找奶奶，在这里，饥肠得饱足，愤懑被抚慰，心里的裂缝和衣服的破洞都得以修补，永远有灯为他们亮起。

小伙子怒不可遏："报警抓这些白眼狼，先清算下这几年白吃白喝白住的钱！"

老人摇头，说这次是自己忽略了行情，应该提前给孩子们加工钱。她接着说，这些年的春种秋收，三个孩子都没少出力。平时更是贴心，他们知道老人爱花，为她种了许多花，早晨醒来，牵牛花笑盈盈攀进窗子，不知多开心。

有一年春天，沙尘暴劫掠了所有绿色，孩子们轮流进城买花送来。在那些艰难的日子里，大捧大捧红紫粉白的鲜花，惊心动魄地开在窗前，像手心里的天堂，又小又暖。老人说，无论孩子们变成什么样，他们留下的这些糖，足够甜一辈子了。

小伙子如梦初醒："我也有太多美好回忆，实在不该耿耿于怀。"

但我却耿耿于怀，惦记着地里的西瓜。

后来，老天派来了一拨又一拨救兵。先是两个过路的司机来要热水，再后来有一辆私家车来问路。最让我振奋的是，来了一辆面包车，拉着十多个地质队员，他们借锅灶煮挂面吃。老太太热心地给了油盐酱醋，外搭两棵大白菜，一堆西红柿，吃饱喝足之后，居然全部放走了。

我气得翻白眼，老太太笑眯眯地说："这些孩子多累啊，端着碗都能睡着，太让人心疼了。"我不作声，偷偷溜到瓜地，赌气自己干。月光如水，小伙子竟然早就到了。我赶紧帮着他把沉甸甸的袋子扛上肩膀，却见他龇牙咧嘴，唏嘘呼痛，连忙用手机一照，禁不住吓了一跳，那肩膀已经红肿脱皮。

我劝他回去休息，他淡淡回应：“我喜欢奶奶，想帮她。”

我说：“来日方长，以后再说。”

小伙子叹息：“我怕来不及，奶奶活不了那么长……”

我大怒：“滚开！她身体好得很，能活到一百二十岁。”

小伙子说：“我找手套的时候，看见了抽屉里的病历，是肿瘤晚期……”

我一下怔住，在我心里，她一直是个簪花少女，笑起来的时候，像是给周遭万物打上了柔光，有本事将任何糟糕的事情变得美好。这样的人，也会死吗？

我忽然明白，为何常常在开往医院的那趟车上遇见她，原来她也是去看病的呀！

老太太出现了，她说：“绿洲养活人，也养活兔子、狐狸和狼。它们经常半夜出来找吃的，去年我的两只小牛犊就被狼祸害了。”

这最后一句话，让我们俩连滚带爬地回去了。

半夜惊醒时，我看见老人端着一杆猎枪，伏在窗户上，那姿势帅极了。忽然，她放下枪，冲着外面喊：“出来吧，我知道是你们，要不狗怎么没叫！”黑暗中有人回应：“奶奶，我们越想越后悔，没脸见你，叫了一帮朋友来趁夜干活。”

老人打开门，外面顿时亮起了炫目的摩托车灯光。我不禁瞠目结舌：奇异的发型、夸张的饰物、惊悚的文身……大概全镇叛逆不羁的少年都到齐了。

瞬间，他们光着膀子，一路冲进瓜园干起活来。有人打开车载音响，摇滚乐惊天动地。这群少年，背着百多斤的西瓜且歌且笑，甚至还能在田间奔跑，真正羡煞人。

天亮之后，瓜已装上车，大家喜气洋洋地吃早饭，简直像过年。门前石榴花开得明艳耀眼，有位少年摘下一朵，轻轻簪在老人发间，大家齐赞好看。我们轮流拥抱老人，向她告别：少年们骑着摩托绝尘而去，学医的小伙子决定回校复课，我坐上了回城的早班车。

老人倚门挥手，身影越来越小。

忽然，汽车电台里响起一首民谣："她的心像石头一样坚强，哪怕破碎了也是石头，她的爱像花儿一样善良，就算天黑了也是花儿……"

这一瞬，我的眼泪肆无忌惮地流了下来。我听见鸟飞南枝，爱有回响；我听见大漠下清水潺潺，昼夜不息，直到，世有绿洲。

第 39 个故事

栽种绝处的花

花会眠，井水会干涸，大雪会封住门。只要我自己还在，就可以重栽好花，再掘甜水井，奋力铲出一条通达的路。

我与闺蜜，虽不会两肋插刀，但可相互借钱借车；我们可以对着一方崩溃哭泣，却无须交代个中隐情。

我曾问她，是否相信周公解梦以及星座星运?

她回答，好的部分相信，坏的部分通通是封建迷信。

关于厄运、噩梦、恶人，我们较少谈及。而美食、美梦、美人，是我们永恒的交流主题。

闺蜜是个有趣的人，她不爱抱怨。她说，怨念太重，一抱住就放不下，累得死人。怨怨怨，全然忘记努力二字有几笔，心甘情愿接受自己的死相。所以，她释放情绪的最好方式是 K 歌、大睡、大扫除，抑或静静流泪。

这些年，她历经离婚、失业、丧父，但并无怨言。没人知道她最初跌入黑洞时的惊恐、狼狈与哀恸。她笑：那时，心分分秒秒都在碎纸机里，会背一百零八条励志格言也杀不死一克悲伤，全凭肉身抵抗，心智不比肉身更神圣。

我没有以知己的名义，问她死过几次。我知道她现在有喜欢的工作，有优薪，有人爱，就已足够。

最近，我情绪低落，向她慨叹人生如灰，真是绝望。

她告诉我，小时候，刚刚学会加减法，知道父亲已经三十二岁，又听老师说人至多活一百岁，当时哭得滚到教室地上，第一次体会到绝望。后来，父亲绝症弥留之际告诉她，不能再扯着他的手要糖了，不能再要求他活一百岁了，不能再耍赖皮了，必须像一个大人那样头也不回地向前走了。

她说，丈夫提出离婚时，又恰逢失业。一下子觉得突遭厄运，抱住他的脚哀泣，切腕吞药，出尽洋相。痛过终于明白——花会眠，井水会干涸，大雪会封住门。只要我自己还在，就可以重栽好花，再掘甜水井，奋力铲出一条通达的路。

她坦言，人生有很多破洞，填补亦不能光洁如初。如能咬牙挨住，可以在这些破洞里栽种花树，收获快乐与满足。

她说："我没有错过冬，也没有错过春，甚至，没有错过那一箭穿心的痛。"

没有人不学习就考满分，在所有剔骨剜心的痛苦中逃出生天，需要集结全部的心思与力量，哪有时间喋喋抱怨。

她拉我去 K 歌。一首老歌，唱得我为之动容：开始时挨一些苦，栽种绝处的花，幸得艰辛的引路，甜蜜不致太寡……

第 40 个故事

人间到底欢乐多

有人热爱商海厮杀，有人迷恋种菜下棋。他们其实一样勇敢，选择了自己向往的路，并耐心而坚定地走下去，各自天涯，各自精彩。

姑妈深夜打长途电话来，郁郁不欢，说女儿一日不嫁，她失眠一日，药石难医，生不瞑目。

我安慰老人家，表妹才貌双全，独自在外打拼，公司做得风生水起，现在接你们二老去享福，不知多少亲戚羡慕得睡不着呢！

姑妈感慨："钱再多也不能叫我一声外婆，好凄惶。"

我笑道："怎么不能？前年春节你发红包，那帮子小淘气，嘴像抹了蜜似的，你爱听什么叫什么。"姑妈也笑起来，一笑解千愁。

五年前，表妹也曾谈婚论嫁，到头来却云淡风轻分手。提起旧爱，至今叹惋："那样一个人才，与我联手简直可以纵横天下，可偏偏与我不合拍。"

姑妈咕哝道："都多年不通音信了，说不定人家早已娶妻生子，说起来尽是烦恼。"姑妈一烦，就嚷嚷着要回老家来，可到了年跟前也没动身。

腊月十五过后，天冷到万木肃然，不复言笑，可街头巷尾的热闹才刚起头。

备办年货的心思一动，水墨色深冬就平添了俗世的暖红。

表妹突然打来电话，说马上来看我。

我笑道："你蒙谁？你的每寸光阴都换了真金白银，这一路山水迢遥，飞机高铁数番颠簸，真为看我？"

她坦承，打听到旧爱下落，仍想拉他入伙，生意不成可谈友情，如果都不成，还可以喝一碗家乡的萝卜山药粥。

我笑起来，这个水晶心肝玻璃人儿，果然算计得滴水不漏。这样通透，又有种光风霁月的大气。

第二天一早，我去买萝卜，施施然行过早市，一眼看到杂货摊上的那个镇纸。只见透明的玻璃球里面，满园梅花挤挤挨挨，红到捋袖揎拳，正是表妹喜欢的东西。

旁边替人推演八字批流年的老先生告诉我，这枚镇纸要价一百二十元，摊主吃面去了，还价须等他回来。

我略一沉吟，不禁觉得好笑。表妹如今是富贵牡丹，怎么会稀罕地摊上的红梅呢！此时，天暗欲雪，前面有一对卖菜的夫妻，分吃着一只烤红薯，还眉飞色舞聊着黄梅戏。他们一般的高大健壮，一般的浓眉细眼，衣着单薄，却毫不畏寒。

夫妻俩的菜样样出众，尤其是萝卜碧翠欲滴，看一眼都觉得好滋味。可两人只顾聊天，并不招揽顾客，聊得兴起，竟然摇头晃脑地一唱一和："夜半犹闻人笑语，到底人间欢乐多……"一个唱："我问篱边老枫树，几曾见似我娇儿花两朵……"

此时，整个市场熙熙攘攘，吆喝声、还价声不绝于耳。在命运分配的角色里，人们大都循规蹈矩，未有跳脱。而这两位似乎抛开了老剧本，谋生，亦谋趣，对人生另有一种态度。

这时，来了几位老太太，她们熟门熟路，自己称菜结账，自己从纸盒里找零，全程自助，并不叫醒戏中人。我有样学样，买到了萝卜和山药，心满意足。

老太太们边走边聊，说这对夫妻脑子都不太灵光，而且女的不会生孩子，换个人家能闹得家宅反乱，苦情戏够演八十一集。可他们不，将此事轻轻一笔带过，根本没有下回分解。

两人天生喜欢种菜，一样的种子和土壤，却变魔术般弄出那些姹紫嫣红好颜色，酸甜苦辣好味道。本市最大的超市包销他家的菜，根本无须出摊，可两个呆子享不来福，既来了，又不愿好好打起精神做生意，简直像是凑热闹的。头年里有生态园邀他们加入，也没有结果，可见稀泥糊不上墙。

有一年下冰雹，菜田尽毁，人人垂泪。那两个却轮换背起对方跑着玩，唱《女驸马》，寒浸浸白雾，惊心动魄的青绿泥泞，只当是一出戏的布景。有人可怜这夫妻两个糊涂到一堆了，可他们还笑。

他们也有哭的时候。比如，久病在床的老人，吃了他家的萝卜胃口大开；谁家的婚宴上，一定要他们的彩椒来配菜；甚至有人养的宠物小兔子，只吃他们种的卷心菜……两人会鼻酸眼热，泪光盈盈。爱听戏的人就是这点糊涂，分不清戏里戏外，像老人，又像小孩。

老太太们说着话向南去了，我不好意思再跟着她们，转到那个杂货摊时，发现红梅镇纸已经卖掉了，不知为何竟有点惘然。

雪下起来，我手机响了，便站在一处店铺的屋檐下接听。姑妈细细叮嘱，要我照顾好表妹，我允诺了十七八遍，她才放心。隔一会儿，她又说："她天生喜欢赚钱，对别的不开窍，你做姐姐的要多教导她。"我唯唯诺诺，又陪她讲了些家长里短才结束通话。一抬头，漫天大雪像白色焰火，刚才还是人头攒动的早市，瞬间成了一片白茫茫的空地。

在林子南边的雪地上，那对夫妻跑来跑去，又笑又嚷，似乎在将一个什么东西抛来接去。丈夫喊：“我酿的葡萄酒最好喝！”妻声音也很大：“我做的草莓酱最最好吃！”“今天回去要吃火锅！”“吃完火锅要堆雪人！”雪地里的笑声格外清亮，像银子发出的声音。

看着看着，我忽然目瞪口呆，赶忙再走近一点，看得无比分明，那夫妻二人抛着玩的，可不正是那只红梅镇纸。原来是被他们买走，并以这种方式来庆祝一场大雪。

下午，表妹准时到达，脸色略显疲惫，稍事梳洗之后，又是一条好汉。我们立即出发，前去寻人，出租车司机是新手，对路线不熟，一路弯弯绕绕，费了老大的劲才找到。那是郊区的一所院落，灰墙朱门。门敞开着，一只玲珑的小狗勃然大怒，滴溜溜跑出来，作势扑人，那小样儿真是爱煞人。院子里雪已扫净，树下立着个胖嘟嘟的雪人，笑微微的，雌雄莫辨。

我们不请自入：玻璃窗映出两三朵颜色浓郁的好花，窗户顶端也不知悬着什么植物，藤叶纷披，翠意逼人。窗下两人正在对弈，并不抬头。我凝神一看，倒吸一口气，差点叫出声来：“这不就是那对卖萝卜的夫妻吗？”

表妹摆手要我噤声，后来她告诉我，此人下棋极为专注，若有人跑来搅扰，会像孩子般发脾气。我们打量着这个精致的院子，虽是冬天，也看得出葡萄棚、石榴树、玫瑰树，竟然还有一眼压水井。春天的时候，想必所有颜色都会撒娇，所有情绪都染上香气，水从幽深地底被汲到明亮芳菲之处，麻雀蹬翻熟透的桑葚，桑葚上的蚂蚁抱紧甜蜜急遽坠落，世事有惊无险……

表妹将名片插在雪人帽子上，我们静静离开，一路无话。回到家，我说了早市上的见闻，表妹默默倾听。我问她为何不告而别，她沉默良久，才轻轻说：“人各有志。”我疑惑：“那你刚才为何还留下名片？”她自嘲道：“贼不走空。倘若他们夫妻哪天改变心意，或许会联络我。”

表妹端起碗，喃喃对我说：“幸好还有萝卜粥，不虚此行。”她喝一口，笑起来：“有一天我累了，说不定也会像他们这样，盖座小院，掘一口井，种花种菜。但现在，我仍然享受奋力奔跑的人生。”

我心下释然，人生仍如初见，无人悲伤。有人热爱商海厮杀，有人迷恋种菜下棋，他们其实一样勇敢，选择了自己向往的路，并耐心而坚定地走下去，各自天涯，各自精彩。

人间，到底欢乐多。

后　记

我不曾错过遥远的你

看到这里，我们应该要好好说一声再见了。但是，我想再给你写一封信。

我并不是春天，可以乘阳光行南去北，借夏风东访西游，找到每位读者的门牌号码，挨家逐户地派送一封信。所以，只能劳烦出版社做一名邮差，将书信附在这里，让每个人看见。

首先要说一声谢谢，谢谢你安静读完那些小如星子的故事，仿佛我们有了小小的默契，时光淙淙，欢喜隐隐，花开簌然有声，伸手触得到纸上暖意。

曾有人问过我：为什么喜欢写与小朋友有关的故事？因为，我想与你分享我的欢喜。

曾经在寒冬里等车，树木灰褐，太阳灰白，周围的人面色漠然。有一个戴毛线帽子的豁牙小孩，眼睛亮如宝石，向着天空伸出双臂。我问他做什么，他回答："今天的太阳不开心，我想抱抱它，你现在看它是不是比刚才亮了？”我看到，所有等车人的脸色都变暖，并有了隐隐笑意。谁能想到，照耀地球五十亿年的太阳，在这样一个凛冬，也会需要一个孩童小小的拥抱呢？

我也曾在公园见到一位小姑娘，拿着一副旧的耳机，东插插，西插插，草坪、树干、蚂蚁洞……我提醒她，那些地方都没有音乐。她告诉我：“所有的地方都有音乐，没有收听到是因为没有插对接口。”我忽然怔住，我愿意相信这个小孩，也愿意相信所有的地方都有音乐。

我遇到过很多很多这样的小孩，与他们在一起，就像是插对了接口。孩子们可以轻而易举地打开一座秘密花园，让你看到矢车菊如何染蓝夏天，紫云英如何捡起落霞，而金盏花是怎样斟出一杯一杯流金的阳光……他们可以随时叫醒幸福，一起玩耍，一起奔跑。

但在成长的过程中，他们也会闯祸，也会贪玩，会在你的期望值上打个叉……请不要焦躁，请再用心一些，请一直爱他们不要停止。我在一个又一个故事里，叮嘱你一遍又一遍，这也是有缘由的。

那年，我与妈妈外出，看见有位年轻父亲不停地抛接小孩，两人笑得咯咯的。妈妈惊得不行，屡屡要去劝他小心些。我嗔她唠叨，嘈扰人家父慈子乐。后来，终有闪失，小孩跌破了鼻子与额头。妈妈气得好几天不跟我讲话，也不吃我专为她买来的好吃的，完全像个因受伤而赌气的小孩。

我心有歉意，并且明白：就算彼此陌生，但善意的提醒永远不会多余。

关于另外一些故事，也有人说，日常生活哪有那么诗意，仅是鸡毛蒜皮的琐事，就磨灭了多少柔情蜜意。但我想说，困扰不是生活的全部。

有次下着大雪，小孩子故意摔倒在雪地里，仰面向天，舞动手脚大笑。年轻人走走停停，不时拍张照片，偶尔滑个趔趄会吐吐舌头一笑。有一对还在吵架的老夫妇，两人边吵边将手牵得紧紧的，小心翼翼踏出每一步，甚至不忘为对方系上雪帽的扣子。

我喜欢描摹这样热闹的红尘：天真有时，矜持有时，争吵有时，相爱有时。所有的温柔都未被浪费，所有的良辰美景都未被辜负，甚至，我不曾错过遥远的你。

图书在版编目（CIP）数据

和你一起，我不怕老去 / 刘继荣著. -- 北京：北京日报出版社, 2016.8

ISBN 978-7-5477-1309-9

Ⅰ. ①和… Ⅱ. ①刘… Ⅲ. ①家庭教育 Ⅳ. ①G78

中国版本图书馆CIP数据核字(2016)第196606号

和你一起，我不怕老去

出版发行：北京日报出版社
地　　址：北京市东城区东单三条8-16号东方广场东配楼四层
邮　　编：100005
电　　话：发行部：（010）65255876
　　　　　总编室：（010）65252135
印　　刷：北京瑞禾彩色印刷有限公司
经　　销：各地新华书店
版　　次：2016年8月第1版
　　　　　2016年8月第1次印刷
开　　本：880毫米×1270 毫米　1/32
印　　张：8
字　　数：180千字
定　　价：42.00元